DIEU EST-IL GASCON ?

Du même auteur

Le Roman vrai de la troisième République (ouvrage collectif, Robert Laffont).

Les Fous du palais (Robert Laffont), prix François Rabelais.

Au galop des hussards (Éd. de Fallois), grand prix de l'Académie française de la biographie. Prix Joseph Kessel.

Paris m'a dit. Années 50, fin d'une époque (Éd. de Fallois).

Une campagne au soleil (Éd. de Fallois).

Bons baisers du goulag (Plon).

Commissaire Corcoran (Plon).

CHRISTIAN MILLAU

DIEU EST-IL GASCON ?

ÉDITIONS DU ROCHER

Collection dirigée par Vladimir Fédorovski

ISBN 2-268-05775-5

« Ici, monsieur, on ne voudrait pas changer,
parce que c'est un pays
qui a du goût et du cœur »

(Un paysan de Samatan)

EXPLICATION ÉVASIVE EN FORME DE PRÉFACE

« Dieu est-il français ? » s'interrogea l'écrivain allemand Friedrich Sieburg, peu de temps avant que les panzers du général Guderian vinssent le vérifier sur place.

L'est-il, ne l'est-il pas ? Disons que cela dépend des jours. Une chose est sûre : Dieu est gascon.

Dieu et le Gascon racontent beaucoup d'histoires. Tous deux sont fiers, susceptibles, prompts à en découdre mais toujours prêts à pardonner, parce que au fond ce sont de bonnes pâtes. Ce n'est d'ailleurs pas un hasard si le Gascon n'aime pas trop les curés. Quand il s'adresse à Dieu, il n'a pas besoin d'intermédiaires et inversement.

On croit savoir, en général, que la Gascogne se trouve en bas de la carte de France, vers la gauche.

Erreur. La Gascogne est une fantaisie, un roman qui n'existe que dans l'imagination des Gascons.

La Gascogne est mon pays. Je n'y ai aucune attache familiale, ma mère était moscovite, mon père normando-parisien, je suis né sur les rives de la Seine, j'y ai passé le plus clair de ma vie et je vis momentanément sur la Côte d'Azur.

Mais la Gascogne est mon pays.

Je n'y ai pas de maison, aucune terre, pas même un bout de vigne entre Mouton-Rothschild et Lafite, ni de truffière à Sarlat, de palombière dans les Landes, de chasse en Béarn, de studio à Saint-Jean-de-Luz ou de caveau à Arcangues, entre Luis Mariano et les amoureux qui se bécotent sur les bancs du plus aimable cimetière du monde.

Mais la Gascogne est mon pays. Henri de Navarre est mon roi, Aliénor d'Aquitaine, ma cousine, et à Nérac, je me réveille dans les bras de la reine Margot qui, soit dit sans l'offenser, est un chaud lapin. D'Artagnan, Porthos, Athos, Aramis sont mes oncles, Planchet, mon fidèle valet et Montaigne, mon précepteur.

Le matin, je me brosse les dents à l'ail et me les rince au jurançon. J'attaque la journée avec une tartine de foie gras ; à midi, je me réconforte avec une garbure, un magret de canard ou un cassoulet ; et le soir, je baisse le rideau sur une sauce de cèpes ou une brouillade aux truffes. Le dimanche, bien sûr, je sors la poule du pot.

Je pêche les dernières nouvelles dans *Sud-Ouest, La Dépêche du Midi, Opinion Indépendante, Le P'tit Basque, L'Écho de la Dordogne, La Voix des Landes, La Feuille de l'Adour, Le P'tit Bergeracois, Le Petit Palois* et les saumons dans les gaves, où il n'en finissent pas de se pointer.

Avec Roland, je sonne de l'oliphant à Roncevaux, je lance la pelote à Ramuntcho, et dans la vallée d'Ossau, je fais bien attention à ne pas vendre la peau de l'ours.

Je galope sur mes échasses de Pissos à Morcenx, je transhume l'hiver avec mes moutons, je fonce dans le tas avec Dauga et Albaladejo, je cueille le nectar d'Yquem grain par grain, je voyage sur la lune avec Cyrano et je danse le branle avec le maire de Pau.

La Gascogne est mon pays. Elle est ma gourmandise, mon « bleu au cœur », comme disait Henri Calet. Aussi, je me fiche bien qu'elle n'existe pas.

Il paraît qu'on se déplace toujours avec soi. C'est ce qui rend les voyages bien inutiles. En Gascogne, je me sépare d'avec moi-même. Cela doit être ça les vacances.

J'ai renoncé à la trouver sur les cartes de géographie et dans les livres d'histoire. Je vous conseille d'en faire autant car c'est un casse-tête inextricable et sans espoir.

« Ah ! Ah ! Monsieur est gascon ! C'est une chose bien extraordinaire ! Comment peut-on être gascon ? » s'interrogeait Montesquieu.

Le gascon est une langue. Une langue romane. Alors, si l'on pense que la langue est un pays, on s'en tire sans trop de mal. Puisque l'on parle l'occitan dans la presque totalité du Bassin aquitain – Pays basque excepté –, que l'on soit dans le Bordelais, dans les Landes, en Armagnac, en Chalosse, au Béarn, en Bigorre, en Albret, en Ariège, à Auch, à Lourdes ou à Toulouse, on est gascon.

Si, en revanche, on est assez fou pour s'enfoncer dans le labyrinthe des départements, des régions administratives, des « Pays » ; si l'on fourre son nez dans l'histoire de l'Aquitaine ; si on se laisse attraper par un certain Grand Sud-Ouest, qui a le culot d'ajouter au panier, le Poitou-Charentes, le Limousin et l'Auvergne ; si on se laisse aller à compulser les dictionnaires et les vieux papiers ; si on cherche à comprendre comment il se fait que les Gascons tirent leur nom des Vascons de Vasconia – ceux-là mêmes qui coupèrent le sifflet au pauvre Roland – mais aussi les Basques qui, pourtant, se défendent bien d'être gascons ; bref, si l'on prend la chose vraiment au sérieux, on n'y entend goutte.

La méthode que j'ai suivie est beaucoup plus rigoureuse.

Puisque la Gascogne est un pays imaginaire, j'y ai fait entrer tout ce qui me paraissait le mériter. Dans des limites, toutefois, raisonnables. On n'y trouvera pas, par exemple, le lac d'Annecy ni le pays du reblochon, que pourtant, j'adore. En revanche, je ne me suis pas plus gêné que Montesquieu et Cyrano pour faire de la Dordogne une province gasconne et, pendant que j'y étais, j'ai tiré le Quercy des pattes de Midi-Pyrénées pour le pousser dans les bras de son frère jumeau, le Périgord, dont on s'obstine cruellement à le séparer.

Est-il besoin d'ajouter que seraient, à mes yeux, extrêmement déplacées les remarques visant à relever tout ce que je n'ai pas mis dans ce livre et qui noircirait quelques dizaines de milliers de pages. Vous n'y trouverez, par exemple, pas la moindre allusion aux Wisigoths dont, pourtant, la capitale n'était rien de moins que Toulouse. Rien, non plus, sur les merveilleuses bastides fortifiées du Périgord et de l'Agenais, où Anglais et Français préparaient à coups d'huile bouillante et de pots de chambre bien remplis la future entente cordiale. Aucun mot sur le génie du paysan et du villageois béarnais, basque ou sarladais qui, sans DDE ni Bâtiments de France, ont édifié de leurs mains maisons robustes, harnachées de colombages et casquées de hauts toits, pigeonniers exquis, granges d'une suprême élégance dans leur dénuement, escaliers secrets, encorbellements frangés de lierre, tout un rêve de pierres blanches, rousses ou grises, dont le spectacle devrait faire s'étrangler de honte nos architectes DPLG. Tout au long de la Dordogne comme sur les rives des Gaves ou au plus profond des Landes, même les maisons qui ne sont pas belles réussissent à ne pas être vilaines.

Silence également sur ces châteaux gascons à deux tours, carrées, de la région de Condom, qu'on ne rencontre nulle part ailleurs, sauf à la frontière de l'Angleterre avec l'Écosse. Aucune explication, non plus, sur la rareté, en châteaux, de la riche Chalosse, si ce n'est que là-bas comme dans les Landes, les paysans sont tous des seigneurs dont le château est leur ferme.

On trouvera bizarre et même scandaleux que je fasse une incursion à Royan, au-delà de la frontière tracée par la Garonne, pour y retrouver le roi du nanar cinématographique et qu'en revanche, je tourne le dos à Maurice Ravel, à Ciboure, à Edmond Rostand, à Arnaga et au chocolat de Bayonne, dont on se ferait crever chez Cazenave ou Daranatz.

Voulez-vous que je vous dise ? Ce qu'il y a de très chouette dans un roman, c'est que l'auteur fait comme il veut.

ET SI LE VRAI LUXE POUVAIT ÊTRE UN CHOU ?

Je le vois s'avancer,
qui donnait envie de le caresser

Quelques mois avant sa disparition, j'ai eu avec mon ami Jean-Paul Aron, sociologue et auteur du *Mangeur au XIXe siècle*, un dandy de race qui pensait à gauche et salivait à droite, une conversation sur le luxe. Ou plutôt le faux luxe insupportable et envahissant qui, des *must* de Cartier aux blue-jeans brodés, du saumon fumé de supérettes aux « 40 mètres carrés pieds dans l'eau », imposait déjà sa supercherie, en faisant payer trop cher ce qui ne l'est pas assez.

Passionné de beaux livres, je me souviens, sous l'Occupation, du déferlement d'éditions dites de « demi-luxe », qui me rappelaient les malheureux « demi-solde » de l'Empire. Eh bien ! en cette dernière partie du XXe siècle, le « demi-luxe » nous avait rattrapé et commençait à nous étouffer.

« Oui, dit Jean-Paul Aron, nous vivons grossièrement dans un monde des indiscernables où tout se ressemble. Coco Chanel a eu une pensée très profonde : "Certains croient que le luxe est le contraire de la pauvreté, alors que c'est le contraire de la vulgarité." Le luxe n'existait que dans le monde de la distinction et, aujourd'hui, en effet, il n'y a plus de distinction, ce qui révèle d'ailleurs le profond avachissement de notre société. »

Plongé alors jusqu'au cou dans l'univers de la consommation et spectateur assez averti du grand cirque du marketing, je ne pouvais qu'abonder dans son sens.

Toutefois, je le surpris un peu en lui répondant : « Et si le vrai luxe, mon cher Jean-Paul, avait tout simplement changé de camp ? Je sais à présent où le trouver : dans quelques campagnes où la simplicité, la générosité et la pureté font encore barrage à ce faux luxe insupportable. Une salade de haricots verts du jardin, un confit sorti de la cave ou un chou farci, rencontrés au hasard d'une ferme, d'une maison noble ou d'un bistrot de village, sont pour moi les derniers refuges de ce vrai luxe qui est en train de nous échapper. »

Je me mis alors à lui raconter mes dernières expéditions dans le Sud-Ouest où il y avait dans le Périgord des paysans, dans les Landes des cuisinières et des chasseurs ou dans le Béarn des bergers qui savaient préserver leurs modestes et inestimables trésors et donc leur bonheur de vivre.

Du temps a passé et je ne suis pas tout à fait sûr qu'existe encore, de la Dordogne aux Pyrénées, de la Garonne à l'Atlantique, ce qui, alors, me faisait vibrer de plaisir. Quoique, peut-être... en se donnant un peu de mal... Est-ce que cela ne vaut pas la peine d'essayer ? Remuer les souvenirs ne serait-ce pas le bon moyen pour donner aux uns l'envie de découvrir ce qui reste de cet âge d'or et aux autres de le perpétuer ?

***

Je viens de parler de chou farci. Ah, bonne Hélène ! Je revois la porte des cuisines s'ouvrir et le chou farci s'avancer, lisse et d'un vert si tendre qu'il donnait envie de le caresser.

Derrière le plat de porcelaine blanche, une paire d'yeux clignotait dans une bouille d'un rose sombre, tirée au carré, sous un poil gris coupé court. Au-dessous, des manches retroussées et un ventre qui tournait en rond sur un pantalon de toile, ficelé façon jardinier.

Il posa le plat sur la table, repartit et revint, une serviette sous le bras, avec une bouteille de cahors qu'il déboucha d'un geste doux et expert. Un coup de narine, quelques gouttes dans un verre, un claquement de langue... « Oui, ça va, c'est bien. »

Michel Guérard m'y avait poussé : « Allez-y vite. vous verrez quelque chose d'unique. »

À une trentaine de kilomètres à l'est de Cahors, au bord du vigoureux Célé qui, dans une corbeille de verdure, se démène au pied des grottes préhistoriques des falaises de Cabrerets, la Pescalerie, gentilhommière quercynoise, habitée au Moyen Âge par des moines pêcheurs (en eau douce), venait d'être relevée de ses ruines et, à l'écart du troupeau estival, ouvrait ses portes et ses lits à des voyageurs buissonniers qui n'avaient rien de plus pressé que de revenir au plus vite. Je n'ai pas été long à les approuver. Un sentiment indéfinissable de bien-être et de sérénité m'avait envahi avant même d'ouvrir la porte de cette grande demeure, posée comme dans un berceau, entre eaux vives et roc. Dans cette cuvette de verdure flottait le poids bienfaisant et rassurant d'un très, très vieux passé qui, toujours, marque les lieux habités depuis des temps immémoriaux.

L'enchantement allait se poursuivre à l'intérieur.

Le serveur se nommait Roger Belcour. Il y a quelques heures à peine, il était encore en blouse blanche, masque aseptisé et gants de caoutchouc jusqu'aux coudes, penché au-dessus d'une table d'opération, aux urgences de l'hôpital de Cahors, dont il était le médecin chef. Après avoir quitté son service, il avait fait le tour de quelques commerces et rempli le coffre de sa vieille voiture, toute cabossée, de pièces de volaille, de viande, de seaux de crème fraîche, de fromages de chèvre et pris la route, certain qu'au dernier virage, trois kilomètres avant Cabrerets, son chien, à demi aveugle, resté dans le jardin du manoir, se mettrait à aboyer, comme il le faisait chaque jour, pour annoncer la proche arrivée du patron.

Sa journée d'hôtelier pouvait commencer. En vitesse, il enfilait un vieux pantalon, allait remonter les filets tendus dans le Célé et ramasser à l'épuisette, de l'autre côté de la route, un saumon de fontaine au pied de la cascade qui jaillit de la paroi rocheuse, dans un enchevêtrement, à la Hubert Robert, de murs antiques, de lierre et d'herbes folles. Il ne lui restait plus qu'à donner à manger aux pigeons et à l'inénarrable corneille qui, apprivoisée, logeait à trois kilomètres de là mais tenait absolument à venir chaque jour à la Pescalerie en empruntant les trois tunnels creusés dans la falaise. À présent, il était temps de remonter les bouteilles de la cave et ainsi il était fin prêt pour accueillir, sur le coup de huit heures, les premiers clients ou pensionnaires.

Seuls quelques initiés savaient que le bonhomme en bras de chemise qui leur conseillait un vin était un chirurgien réputé.

Huit ans plus tôt, Roger et Hélène se trouvaient à Aurillac où ils exerçaient dans une clinique. Hélène était psychanalyste et avait même été, à Paris, élève de Lacan. Pendant un an, elle n'avait rien compris à son fascinant charabia et puis, tout d'un coup, la lumière... Mais, comme le disait cette petite dame aux cheveux gris, dont la voix si douce était à elle seule une thérapie : « Tout ça, c'est le passé », avant de se remettre à écosser les petits pois du jardin ou de mettre en route le chou farci, d'anthologie, dont elle gardait la recette de sa maman, qui avait tenu un modeste hôtel-restaurant dans le Tarn.

Tous deux en avaient eu assez de leur clinique et, comme Roger avait un bien de famille, la Pescalerie, dont les tuiles s'envolaient et les murs s'effondraient, ils décidèrent de se reconvertir dans l'hôtellerie. Ne connaissant rien à ce métier, ils échappèrent à toutes les erreurs enseignées dans les écoles hôtelières et pieusement appliquées par des professionnels qui se donnent un mal fou pour faire des hôtels où le client ne se sente surtout pas comme chez lui ou chez des amis. Ils ont donc aménagé leur gentilhommière, d'abord pour se faire plaisir, sans se demander si leurs hôtes embarqueraient les bibelots anciens et les tableaux, nettoieraient leurs chaussures avec les rideaux de lin blanc ou feraient main basse sur l'argenterie.

Ils leur ont servi les plats qu'eux-mêmes aimaient et mangeaient chaque jour plutôt que ceux dont les chefs assurent que « c'est ça qui plaît à la clientèle », alors que, personnellement, ils n'y touchent pas.

Les mille petits riens qui sont la crème de la vie ne leur ont pas échappé : les fruits qui perlent encore de la rosée du matin, l'odeur du bon café qui monte dans l'escalier, le pain croustillant, tiédi au four, les œufs à la coque au jaune épais comme savaient en pondre les poules à l'époque du président Fallières, le chien de la maison qui se balade entre les tables tandis que dans le salon le chat gobe les mouches et, après le dîner, le coup d'armagnac offert dans l'antique bergerie.

Tant que la maison est restée ouverte, jusqu'à la mort de Roger, il n'y eut jamais de vol ni de récriminations. Qu'ils fussent universitaires américains, randonneurs ou chasseurs de papillons anglais, amoureux français de la truffe ou de la préhistoire, c'était comme si un sixième sens les guidait, eux et pas les autres, vers ce lieu de bonheur et de vérité.

Sauf une fois. Ce jour-là, débarqua d'une Mercedes, dans des vapeurs de Dior et d'argent neuf, un couple, avec caniche, qui avait réservé. Lui, dans la soixantaine argentée et rebondie, du genre gros industriel, bonne pomme, qui se laisse mener par le bout du nez ; elle, la quarantaine triomphante, style ancienne jeune « poule » qui a eu de l'avancement et traite ses bonnes comme avant l'invention des prud'hommes. Hélène les conduisit à leur chambre qui se trouvait être la plus belle de la maison.

En entrant, la dame, levant les yeux vers l'admirable poutraison de chêne, quatre fois centenaire, se retourne vers son protecteur et d'une voix aiguë : « Ils ne vont tout de même pas nous faire dormir dans une chambre qui n'est pas terminée ! Maurice, nous ne restons pas un instant de plus. »

On a beau dire : le monde n'est pas si mal fait.

Le chou farci

Une demi-heure de préparation et trois grosses heures de cuisson, mais si vous l'oubliez au coin du fourneau, il n'en sera que meilleur. Notre affaire commence avec un beau chou lisse, à la pomme ronde. Cela ira très bien pour six personnes qui savent se tenir à table. De la pointe d'un couteau, vous évidez le trognon... jusqu'au trognon mais sans faire de mal au chou qui ne s'en relèverait pas. Vous préparez votre farce. C'est selon l'humeur. Cela pourra être aussi bien 600 grammes de ragoût de veau, en morceaux avec deux tranches de jambon cru en petits dés, que des restants de volaille, veau ou/et mouton passés au hachoir. À condition de ne pas oublier le morceau de lard frais et d'ajouter une poignée de mie de pain trempée dans du bouillon ou du lait que vous allez presser comme une éponge avant de mélanger à deux œufs battus en omelette, des oignons émincés, de l'ail, des fines herbes hachées, du sel et du poivre. Mais revenons à notre chou.

Une fois blanchi dans une grande quantité d'eau bouillante salée, pendant 20 minutes, le trognon en bas, les feuilles devraient commencer à s'ouvrir facilement. C'est le moment de le sortir, de le passer à l'eau fraîche, de l'égoutter et de le poser sur une planche. Vous écartez les feuilles et les mettez à plat en faisant bien attention à ne pas les détacher. Vous vous débrouillez pour couper le cœur sans faire de dégâts, le débitez en gros morceaux que vous joignez à la farce qui attend dans son pot.

Un peu de finesse dans les doigts, s'il vous plaît, et vous glissez une grosse boulette de farce au cœur du chou. Vous relevez quelques feuilles et vous enduisez d'une légère couche de farce et ainsi de suite, jusqu'à ce que vous en ayez assez et que surtout il ne vous reste plus de farce. Bon, maintenant, si votre chou n'a pas retrouvé à peu près sa forme naturelle de chou, laissez tout tomber et ouvrez la télé. Sinon, enveloppez-le dans un morceau de gaze et ficelez-le, serré (ça s'apprend).

La cocotte ne demande plus qu'à l'accueillir. Une couche légère de graisse d'oie ou de porc dans le fond, trois ou quatre carottes, deux tomates épépinées et pelées, trois gousses d'ail, une branche de céleri, un bouquet garni et, bien sûr, le chou par-dessus, le tout mouillé généreusement de bouillon et c'est parti à petit feu – on frémit, on ne bout pas – pendant le temps que je vous ai dit et même davantage.

UN VRAI GASCON ? EN VOICI UN

Un grand rire d'estoc qui fonçait dans la mêlée

Sur tous les continents, des peuplades entières ont disparu et continuent de disparaître. Pourquoi rien – ni les changements de la société, ni les épidémies, ni l'édifiante morale « universelle », ni les soi-disant progrès de l'alimentation – ne parvient-il à venir à bout du Gascon ?

Bâfreur, buveur, querelleur, rebelle à tout ordre, quand celui-ci empiète sur sa liberté (c'est-à-dire, tout le temps), droit comme un sillon de labour, généreux, jamais menteur, même quand il ne dit pas la vérité, râleur impénitent, railleur cinglant, rieur incompressible, vif comme la poudre, bouillant comme le lait qui déborde, généreux à table aussi bien qu'au lit, récalcitrant à la modernité, sauvage jusque dans son parler succulent (il n'avale pas les mots, il les mange jusqu'à la moelle et vous les renvoie en plein dans le nez), fier à en crever, mais pas vaniteux, hospitalier comme on ne l'est plus depuis Homère, somptueux de mauvaise foi mais tolérant à condition qu'il ait toujours le dernier mot, inaccessible depuis l'an mil à toute forme de christianisme, cet animal de Gascon « meurt comme tout le monde de cholestérol », mais, comme l'a dit le poète Bernard Manciet, vit jusqu'à cent ans, de graisse d'oie et d'armagnac. Et, le plus fort, c'est que l'espèce se perpétue.

Quand on me dit : « Gascon », je sors mon Daguin.

Je ne prétends pas qu'André Daguin est la Gascogne à lui tout seul mais il est difficile de ne pas en retrouver un bon morceau dans le portrait que je viens de tracer. Aujourd'hui, la France entière connaît, par la télévision, le président Daguin, sa stature de rugbyman, son accent tonitruant et ses coups de gueule. Depuis des années, à chaque fois que la France change de gouvernement, le nouveau annonce qu'il va donner raison à ce bretteur de la TVA. C'est comme si c'était fait... « Demain, bientôt », affiche-t-on à Haïti sur les terrains vagues où « demain, bientôt », c'est juré, s'édifieront une école ou une usine, que, dix après, on attend toujours. Les 80 000 hôteliers et restaurateurs, ralliés au panache de l'UMIH, dont il est le président, finiront peut-être par ne plus croire à l'ineffable promesse électorale de « taux réduit de la TVA ». Daguin, lui, s'y accroche comme d'Artagnan à son épée et vous verrez qu'il finira bien par gagner. Un Gascon ne baisse pas les bras. Un Gascon ne se défend pas : il attaque.

Le Daguin que j'ai connu et fréquenté pendant des années ne faisait pas antichambre dans les ministères et ne rongeait pas son frein dans les contre-allées du pouvoir. Il était le magnifique seigneur d'un château de la gourmandise.

L'Hôtel de France, à Auch, était dans sa famille depuis plusieurs générations. À l'époque de son grand-père, ce n'était pas encore le rendez-vous obligé de la bourgeoisie cossue et des Américains civilisés en balade, mais déjà les notables du coin fréquentaient cette auberge dont la cuisine avait bonne réputation et où le maître de maison faisait régner une douce terreur.

Chaque semaine, à jour fixe, un groupe de magistrats, notaires et autres pharmaciens y avait ses habitudes, acceptant par avance le repas que l'on avait pour eux préparé. Or, une fois, le vent de la révolte se leva. Une sorte de Mai 68 de la marmite. Ces messieurs ne voulaient en effet rien de ce que, patiemment, on leur énumérait. La serveuse n'arrêtait pas de faire l'aller et retour entre la salle et la cuisine et, par un fâcheux hasard, chaque fois qu'elle transmettait au patron la nouvelle suggestion des convives, celui-ci répondait : « Il n'y en a pas. » Très vite, le ton monta et enfin, lorsque la malheureuse serveuse demanda : « Mais, alors, qu'est-ce qu'on va leur servir ? » une voix s'élevant du fond des cuisines, envahit la salle, à en faire trembler les verres : « Qu'on leur serve de la merde ! »

De temps en temps, ce passé glorieux échauffait le sang d'André Daguin. Il en oubliait les préceptes prudemment serviles qu'on lui avait enseignés à l'École hôtelière, à Paris : « Le client a toujours raison. » Celui dont l'imbécillité, la maladresse, la prétention ou la grossièreté (sûrement un Parisien...) dépassaient les bornes se trouvait poussé dehors d'un bras vigoureux, sans avoir à payer son addition. Les virés se plaignaient aux guides, ce qui laissait Daguin totalement indifférent. Un restaurateur qui se respecte n'est pas un larbin et heureusement que je n'ai pas tâté de ce métier car j'aurais agi comme lui, avec toutefois le grave handicap de ne pas avoir été un champion de rugby.

André Daguin était tellement gascon que, devenu plus tard président de la chambre de commerce, il a voulu changer, hélas sans succès, le nom de Gers pour celui de Gascogne. Auch n'est-il pas la capitale historique de la Gascogne et du « parlar clar » (le gascon landais étant « parlar negre » et le pyrénéen « aranais ») ? Il s'en consolait à demi en proclamant avec une suprême mauvaise foi que les armagnacs de la Ténarèze valaient ceux du Bas-Armagnac, ce qui donnait lieu à des disputes d'autant plus sanglantes qu'il savait parfaitement que cela n'était pas plus vrai que de faire d'Auch la capitale de l'armagnac comme on lisait çà et là.

Quand sonnait l'heure du verre ballon et que je lui réclamais du « tout bon », je veux dire du grand-bas-armagnac..., du vrai, du landais, quoi... sa voix s'enflait, à la Mounet-Sully et il me versait d'office un ténarèze ou même, ô horreur, un haut-armagnac, produits du « bon côté », c'est-à-dire de son côté à lui. Comme il savait les choisir parmi le petit lot des pas trop mal foutus, il y en avait un ou deux, dont on pouvait, en effet, sans se forcer, terminer le verre. Alors je lui disais, avec une mauvaise foi égale à la sienne : « Pas mal, pas mal... pour une eau-de-vie industrielle. » Et nous éclations de rire. Le rire de Daguin était au rire ce qu'une cathédrale est à un oratoire. Un grand rire, gascon et d'estoc, qui fonçait dans la mêlée. Porthos devait avoir le même.

On pouvait, à présent, passer aux choses sérieuses. Daguin se levait et revenait un instant plus tard avec un flacon de quelque somptueux armagnac, venant de « là où il fallait ». Il possédait en effet une formidable collection d'eaux-de-vie de grande race et des meilleurs provenances, si vous voyez ce que je veux dire... Seulement voilà, Daguin était un patriote et un patriote se devait de défendre son drapeau. Beaucoup grâce à lui, on s'est mis à boire le « pousse-rapière », un apéritif éprouvant et réprouvé (par moi, entre autres), à base de liqueur d'armagnac et de vin blanc tord-boyaux du pays. On a même vu naître une petite mode pour l'armagnac blanc, servi glacé comme de la vodka, donc très jeune, très agressif et très inintéressant.

Je serais le dernier à le lui reprocher : ces petites trouvailles ont aidé à écouler les stocks et on devait bien cela aux vignerons gascons dont la vie n'est pas tous les jours rose.

Et puis, un homme qui a ressuscité la tradition oubliée du magret, qui fera, grâce à lui, le tour du monde, un homme qui osait écrire sur sa carte que « ne pouvant servir de truites sauvages, nous ne servons pas de truites du tout », ne pouvait être tout à fait mauvais.

André Daguin a cédé sa maison afin de se mettre au service de ses confrères. Il ne me reste plus donc qu'à évoquer, avec un battement de nostalgie au cœur, son confit de bécasse au foie gras, son admirable confit aux cèpes à l'ail, son foie chaud aux câpres ou aux coings, sa daube en gelée, sa poule farcie, sa brochette de cœurs de canard... ah ! j'allais oublier le pâté en croûte que, même à cette époque, on ne trouvait quasiment nulle part digne de ce nom et qui, chez lui, était admirable et croquait si affectueusement sous la dent.

Et enfin, rien que pour le mettre en colère, je lui redirai que du poivre vert sur un foie gras chaud, c'était impardonnable et que sa glace aux haricots blancs dont il était assez fier, c'était péché.

Il rugira, disparaîtra et reviendra avec un vieil armagnac de derrière les fagots... landais.

Mon propos, en écrivant ces lignes, était de bien faire comprendre à mon lecteur, par un exemple aussi bien choisi que possible, ce qui chauffe sous la croûte d'un vrai Gascon.

Me suis-je bien fait comprendre ?

LES « MÈRES COURAGE »

Leurs recettes étaient gravées
dans le cœur en naissant

Autant le dire tout de suite, puisque, de toute façon, vous le devinerez, j'ai pour les Landes une tendresse particulière.

Elles sont la terre promise de l'antitourisme et je crois bien qu'elles le resteront, dussent-elles sacrifier la vue sur la mer, kidnappée par les caravanes et les trampolines.

Pudiques, secrètes, méfiantes, elles vous observent – vous, l'étranger – du coin de l'œil, vous jaugent, vous pèsent et décèlent du premier coup le truqueur, le flatteur, le malappris ou le donneur de leçons. Quand elles vous ont reçu à l'examen de passage, elles font mieux que de vous ouvrir les bras. Elles vous invitent à leur table et ce n'est pas rien car la table est au Landais ce que l'autel des ancêtres est au Chinois.

Le Landais qui a de l'esprit à revendre (et assez de finesse pour ne pas vous le faire payer) ne se privera pas de vous raconter des craques mais, la table, elle, ne saurait mentir. Elle est la voie royale qui conduit aux éclats de rire, aux effusions, à l'amitié. Le lieu primordial où se préparent les petits bonheurs du lendemain et les plaisirs de l'année.

C'est dire l'importance du rôle de la femme non seulement dans les Landes mais dans le Périgord et dans toute la Gascogne. Femme aux joues rougies au froid de la basse-cour et à la chaleur des fourneaux, « mère » nourricière sans qui la société aurait des chances de s'écrouler. Héritier d'un patriarcat mauresque, autocratique, tonitruant et théâtral, l'homme feint de ne pas s'en apercevoir et la femme se fait une raison. À l'image de sa sœur maghrébine ou asiatique, elle dirige la maison.

Comme le disait mon ami l'écrivain Alain Gerber qui a admirablement saisi la vraie nature du peuple landais : « Les femmes n'avaient pas besoin de prendre la parole pour avoir le dernier mot. »

Il en parlait au passé, évoquant l'homme qui faisait le beau en tablier blanc, à la Bocuse, tandis qu'au fond des cuisines, une femme se tapait le boulot. Doit-on vraiment ne parler de ces « mères » qu'au passé ?

Pas tout à fait. Les petits chefs en pantalon pied-de-poule, au teint blême et aux mains moites, qui sont allés apprendre à la ville la cuisine qu'on sert partout en France n'ont pas complètement chassé les mères qui avaient les recettes toutes gravées dans le cœur, en naissant. Mais, c'est, hélas, la vérité : la race est en voie d'extinction, ce qui nous la rend si précieuse. L'inquiétant, ce n'est pas seulement de voir la conception d'une cuisine rustique, sans chichis ni truquages, s'envoler mais, avec elle, tout un art de vivre.

Dans les villages et les campagnes, la restauration était en effet le prolongement de la vie familiale. « Le bonheur de l'hospitalité "avec participation aux frais" » selon une autre jolie formule d'Alain Gerber. La sagesse ancestrale qui, heureusement, guide encore beaucoup d'hommes et de femmes de la Haute-Lande, de la Chalosse et des collines de la Gascogne, leur a toujours enseigné qu'avoir du plaisir et le partager avec autrui sont deux des plus sérieuses occupations de l'existence.

L'appétit de vivre commence souvent par l'appétit tout court. Et, comme l'a dit Alphonse Daudet : « La gourmandise commence quand on n'a plus faim. » Sur ce chapitre, le Landais, aujourd'hui comme hier, ne craint personne pour ce qui est de « grignoter une lichette ». Dans la plus banale des auberges, quatre plats ne lui font pas peur et de vertigineux entassements de victuailles y composent le menu de tous les jours. Mais, c'est là où l'on reconnaît la patte de la femme, ces plats sont, tout naturellement, les mêmes qu'à la maison. À l'opposé des « étapes gastronomiques », qui ne sont pas toujours de bonnes tables et où la diversité du choix passe par la chambre froide ou le congélateur, le menu est unique. D'ailleurs, si l'on n'a pas prévenu, il est hors de question de se faire servir après 13 heures, quand ce n'est pas 12 heures 30 et 20 heures 15, quand ce n'est pas 20 heures.

Quoi de plus normal ? Quand on est invité chez des amis, est-ce qu'à part les gens mal élevés (ou à Saint-Tropez, ce qui revient au même), on se permettrait d'arriver avec une heure de retard ?

Il faut avouer, hélas, que la lecture des menus et des cartes devient toutefois de plus en plus triste.

Partout – ou presque – on affiche les mêmes foies gras, salmis et confits qui ont comme un air de famille avec ceux du supermarché. Devant cette uniformisation de la fausse cuisine de terroir, on a envie de pleurer quand on feuillette *La Cuisine landaise* des sœurs Rivoyre, préfacé par la plus célèbre d'entre elles, Christine de Rivoyre, l'auteur de *La Mandarine* et de bien d'autres romans, dont les mots croquent sous la dent. Certes, dans des maisons « bourgeoises », il se trouve encore des « mères » salvatrices pour nous mitonner la daube de bœuf « de la Saint-André », qui cuit pendant sept heures dans la cheminée, le ragoût d'alicots (ailerons de canard gras ou d'oie), le boudin de cochon au hachis de joue, de tête, de museau et de « cravate de porc », ce morceau de roi qui se cache sous le cou ou bien encore la formidable macaronade aux cèpes, jambon, foie gras frais et ris de veau, comme la faisait à Langon la mère de Raymond Oliver, qui m'en avait d'ailleurs donné la recette.

Il est paradoxal de constater qu'alors que dans les petites auberges, qu'on pourrait espérer viscéralement attachées au terroir, on cherche à singer la cuisine à la mode, à l'opposé, de vrais grands chefs, comme un Michel Guérard, un Michel Trama et, il n'y pas si longtemps, un André Daguin, ou encore en Aubrac un Michel Bras, en Bretagne un Olivier Roellinger ou en Haute-Savoie, le génial Marc Veyrat, sont les derniers gardiens du temple, tant ils respectent la terre qui les a accueillis ou vus naître.

Il ne faut cependant pas baisser les bras. Les gens des campagnes, c'est évident, ne vivront plus jamais comme il y a cinquante ans ou même vingt. La page est tournée mais il reste à en écrire une autre qui s'en inspire, sincèrement, honnêtement. Il n'est pas insensé de penser que l'on peut, si peu que ce soit, contribuer à métamorphoser un déclin en une nouvelle chance et n'est-ce pas encourager l'avenir que de se souvenir d'un passé encore proche ?

Les « bonnes mères » du Sud-Ouest, en m'ouvrant grands leurs portes, leurs soupières et leurs bocaux, m'ont enseigné à déguster la vie. Je leur devais bien une petite visite de remerciements.

Un repas gascon par Joseph de Pesquidoux

Bien méconnu de nos jours, Joseph de Pesquidoux fut un chantre inspiré du pays landais, tel qu'il l'aima charnellement, dans le premier quart du XXe siècle. Ce repas, merveilleusement décrit, se déroula au Houga, haut-lieu des meilleurs bas-armagnacs. On notera qu'à aucun moment, il n'est fait mention de l'auteur (une « mère landaise », forcément) de ce festin...

« Nous nous mîmes à table dans une vaste salle dallée, lambrissée, aux caissons de bois. Les poutres énormes descendaient sur nos têtes. Une cheminée régnait au fond. De la largeur de la muraille presque, elle avançait de plusieurs pas dans la pièce et son manteau reposait sur piliers comme un toit, et son foyer s'ouvrait comme une porte d'ombre. Il faisait trop doux encore pour l'allumer ; aux deux bouts de la table, des candélabres étincelaient, buissons de bougies étagées. C'étaient deux bronzes à demi drapés, deux femmes debout sur leur socle, aux profils droits et, qui de leurs bras levés, portaient tout cet embrassement. La lumière ruisselait des bougies comme une eau chatoyante et les épaules rondes et les flancs évasés des porteuses paraissaient tressaillir sous ce toucher de feu. Et la table large comme une aire, rayonnait doucement avec ses porcelaines et l'argent de ses couverts, ainsi que la terre au clair de lune.

... Cependant, on "approchait" les plats. La soupe aux choux verts, d'abord, mitonnée et gratinée dans sa casserole de terre, sous une couche de chapelure et de fromage râpé, fumante de toutes parts – et puis, les "bouillis", une pièce de bœuf sombre, épaisse, persillée, une poule et un chapon face à face, poitrine contre poitrine, également rebondis, différents de volume seulement, à l'avantage du chapon dont l'ossature était restée d'un mâle, enfin terminant le service, un important morceau de côte de porc. Ceci était quartier de choix. Venu du fond d'un pot où il s'était imprégné de graisse fine depuis l'hiver d'avant, passé par la marmite pour y nourrir la soupe, tout en abandonnant son excès de gras, il ballottait à présent sous le couteau, et révélait une chair rose, lisse, d'un fumet subtil comme une émanation. Et la "sauce" passa. Une sauce héroïque de vinaigre et de bouillon battus, chargée d'ail et d'oignons hachés, "offerte" pour humecter le bœuf et le porc et mouiller la poule et le chapon farcis de mie de pain et d'oie confite.

Le piquepoult circulait comme un flot. Et l'on apporta les canards en salmis et la croustade de viande, les deux “entrées”. La croustade eut les honneurs, composée d’une compote de volaille corsée et sans liaison, montée en pyramide dans une tourtière graissée, garnie d’une pâte constituant comme une seconde terrine, substance onctueuse, exactement dorée de farine, de jaunes et de blancs d’œufs, et battue, pétrie, roulée, recouverte d’une autre bande semblable, à la façon d’un toit circulaire, décorée de dentelures à la fourchette, tout autour. Surmontée, enfin, d’un clocheton ouvragé de farine prise, elle rappelait ces petits temples indiens où sommeille, assis, quelque bouddha millénaire. Et, certes, ni le soleil, ni les siècles, ni les mains et les fronts des suppliants, en s’y traînant, n’ont roussi ni patiné les murs saints plus que le feu vif de dessus et le feu amorti de dessous, les parois et le dôme de la croustade dans le four de campagne.

Les rôtis suivirent. Des dindonneaux, entre autres, poussés et gavés depuis plusieurs jours avec des boulettes de maïs concassé, que l’on présenta à deux bras tant ils pesaient, côte à côte, sur le plat empli comme deux bœufs couchés.

... Mais rien n’effaçait la haute croûte, quand précédés d’un bruit de fricassée, achevant de rissoler dans le jus exsudé de la chair même, des ortolans apparurent dans leur caisse étroite de papier huilé. Six ortolans pour chacun, fondants comme un fruit, et nus, polis à l’œil comme l’ivoire, qui avaient pris sur les charbons des teintes de feuilles mortes... Les ortolans croqués, les voix s’émurent. Un rire d’aise courait la table.

Et l'on déboucha le jurançon, tandis que les blancs-mangers entraient. Au sens vrai du mot, il n'y en eut point. Ce fut une "pâté bouilli", solide comme un pavé et un "millas".

Restaient les glorias. Ils débouchaient à la file, le café, les brûlots dans des légumiers hérissés de morceaux de sucre, et, portée sur un plat bordé de petits verres, la dame-jeanne poussiéreuse, la double bouteille d'armagnac. À son aspect, on se leva. Elle datait de 1804, du sacre de l'Homme.

... Les heures avaient passé. Il fallut respirer... On ouvrit les fenêtres... Tout à coup, quelqu'un dit : "Quel temps, à l'aube, pour la chasse au lièvre !" On fit chorus. Le même reprit : "Allons chercher des chiens courants." Alors, notre hôte grand mangeur, grand buveur, tueur de sangliers, me demanda : "Êtes-vous satisfait ?" et il poursuivit : "Certes, tout ceci est de pure tradition. Nos pères festoyaient ainsi et partaient ensuite à la chasse au lièvre afin de s'aérer." Tandis que je m'extasiais en moi-même devant l'amas de viandes et de pâtes consommées, il ajouta : "Nos pères mangeaient mieux. Ce soir, ce fut un peu léger." »

Chez nous en Gascogne,
éd. C. de Bartillat.

LE CÉSAR DES LANDES

... Et, ombre anonyme,
dans la chaleur des cuisines...

Dans les années 1970, Jean Darroze était le « premier » cuisinier des Landes, selon les canons du Michelin qui l'avait d'ailleurs, tour à tour, encensé, répudié et venait de le réhabiliter, quand j'ai poussé la porte de sa grande bâtisse rose et tarabiscotée, à Villeneuve-de-Marsan.

À l'aube de la retraite, ce sexagénaire exerçait un pouvoir absolu sur sa maisonnée, composée de ses deux fils, Claude, cuisinier et pâtissier, Francis, chargé de la salle, « inventeur » (c'est le mot, s'agissant d'une véritable chasse aux trésors) des meilleurs vieux armagnacs de Gascogne et de Mme Darroze, tellement invisible que j'ai mis un certain temps à me persuader qu'elle existait. Papa Darroze était rien de moins qu'un tyran domestique. J'avais titré l'article que je lui avais consacré : « Le César des Landes ». Il s'en était d'ailleurs trouvé flatté car ce surnom, promis à un certain succès, ne pouvait que fortifier son magistère.

Le premier soir, la fricassée d'anguilles, livrées vivantes, préparées à l'ail et à la graisse d'oie fut admirable, le perdreau aux cèpes, discrètement flambé à l'armagnac, une pièce d'anthologie et le mille-feuille d'une légèreté et d'une saveur assez exceptionnelles. En revanche, le foie de canard chaud aux raisins était granuleux et le civet de chevreuil nappé d'une sauce farineuse.

Du coin de l'œil, Jean Darroze avait tout observé, tout repéré.

À la fin de ce repas mitigé, il dit, avec une cruauté saignante :

« Demain, vous dînerez *chez moi.* »

« Chez moi », ce fut superbe, somptueusement landais, depuis le foie d'oie chaud aux fonds d'artichaut jusqu'à la sauce de cèpes, au jambon, ail, oignon et vin blanc, à faire se damner tous les gourmands de Gascogne, depuis les filets de sole et leur duxelle au jambon et à la tomate fraîche jusqu'aux ortolans en papillote. Mais le chef-d'œuvre absolu fit son entrée à l'heure du dessert : une grande tourtière feuilletée à la pomme et à l'armagnac, finale obligé de tout vrai repas landais, dont je n'ignorais pas qu'elle était le privilège exclusif des femmes et que jamais un homme n'aurait osé fourrer ses grosses pattes sur ce chef-d'œuvre du sexe « faible », comme on ne se privait pas de le dire à l'époque.

Je m'empressais donc de mettre les pieds dans le plat en lâchant : « J'aimerais féliciter l'auteur d'un pareil chef-d'œuvre. »

Papa Darroze prit son temps pour admettre que l'auteur en question était sa femme.

Mais avant de pousser avec vous la porte des cuisines, laissez-moi vous dire deux mots de cette pâtisserie erratique. D'un lieu, d'une certitude, d'une erreur ou d'une humeur à l'autre, elle change de nom ou désigne tout autre chose, chacun étant persuadé évidemment que son interprétation est la bonne. Pastis « estira », pastis « bourrit », pastis gascon, gersois ou agenois, tourtière ou croustade c'est le furet du dessert. Même des restaurateurs et des boulangers du Sud-Ouest s'y mélangent les pattes et, à force, on n'y comprend plus rien. Qu'on ne s'étonne pas dans ces conditions de le trouver surgelé chez Leclerc ou Intermarché après avoir perdu en route son acte de baptême.

Que le sujet vous intéresse ou non, vous allez m'écouter, s'il vous plaît.

Le pastis gascon, honoré notamment dans le pays d'Albret, se fait, avec de la farine, évidemment, du saindoux ou, mieux, de la graisse blanche de ventre de cochon, des œufs, des pommes macérées dans l'armagnac et de l'eau de fleur d'oranger, parfumée à la vanille. La pâte est repliée plusieurs fois en portefeuille et on ne manquait pas, jadis, de la faire cuire à la cheminée dans le moule à pastis au couvercle de tôle noire, fourré dans les braises. À présent, neuf fois sur dix, on la cuit au four et c'est impardonnable mais bon, quand même.

La tourtière... ah, la tourtière ! c'est plus qu'une pâtisserie. Un tour de force, un « chef-d'œuvre » de compagnonnage, sauf que, bien sûr, puisque nous sommes dans le Sud-Ouest, ce sont les femmes qui s'appliquent au travail. La tourtière n'est pas comme le pastis, une pâte à demi feuilletée mais un gâteau à pâte étirée. Avec de la farine salée, ramollie à l'œuf sans eau, on forme une boule molle et homogène qu'on laisse reposer une bonne heure. Alors le cérémonial peut commencer.

Pendant des heures et même davantage, les « mères courage » vont s'entretenir les biceps à tirer, à rouler, à tirer à nouveau, à rerouler, à dérouler sur une grande table parée de linge fin, comme on en revêt le lit de la mariée le soir de ses noces, jusqu'à ce que la pâte devienne comme un papier à cigarette. Elle doit, à la fin, recouvrir entièrement une table d'au moins un mètre vingt de diamètre ! Ensuite, elles passent à la surface une plume d'oie – ou un pinceau – mouillée d'un peu d'huile, arrosent, discrètement, d'armagnac et d'eau de fleur d'oranger vanillée, la fripe avec les doigts pour donner une rosace, et la fourrent de pomme ou des pruneaux ou de rien du tout (cela nous fait trois écoles, avec chacune, ses tables de la Loi, ses fidèles, ses renégats et ses discussions à n'en plus finir).

S'il existe encore une demi-douzaine de vaillantes à se décarcasser de la sorte, c'est tout le bout du monde. La bonne idée serait d'installer en Gascogne quelques cuisinières de Marrakech que ce travail ne découragera pas. Elles ne seraient pas autrement dépaysées, puisqu'il semble bien que ce soient les Sarrasins, via l'Andalousie, qui sous cette forme ou une autre, aient déposé ce petit trésor dans notre Sud-Ouest avant de remonter sur leurs chevaux.

Je me souviens, au temps où la médina était à Marrakech et pas encore dans la banlieue de Saint-Tropez, avoir assisté à l'élaboration diabolique de l'authentique *bstila*, que nous écrivons « pastilla », dont on laissait l'usage aux descendantes des esclaves noires et l'on va vite comprendre pourquoi. Pour obtenir la bonne centaine de crêpes nécessaire à une *bstila* présentable, pas d'autre choix que de se brûler atrocement le bout des doigts (qu'elles avaient noir, ce qui était plus pratique car cela ne se voyait pas). Elles commençaient par jeter sur une plaque chauffée à mort par du charbon de bois une minuscule boule de pâte qui, vite, s'étalait pour devenir une feuille brûlante, aussi fine que du papier de soie, qu'il leur fallait soulever et retourner sans crier « ouille, ouille ! » (« à la longue, vous verrez, on ne sent plus rien », disaient leurs maîtres).

Vous pensez bien qu'avec des engins pareils, la fabrication de la tourtière traditionnelle renaîtrait en vitesse.

Encoignée dans sa cuisine comme une chaisière dans la pénombre du sanctuaire, Mme Darroze, peu causante au début, m'avoua, sans se vanter, que, bien sûr, la tourtière, comme tout le reste à l'exception des soles, c'était elle.

Papa Darroze ne moufta pas. Il ne restait plus à notre sainte femme qu'à se retirer dans les ténèbres de l'anonymat. Et à recommencer.

UN STALINE FROTTÉ À LA GRAISSE D'OIE

Avec, en finale, la joie de faire la vaisselle

Si le père Darroze était César, le père Loubère était un Staline, frotté à la graisse d'oie, baptisé à l'armagnac et qui, contrairement à l'original, n'a jamais tué personne.

Hôtelier et maire de Labastide-d'Armagnac, ce grandiose personnage, brûlant de mauvaise foi, comme d'ailleurs la majorité des Landais, mais chez lui, redoublée, m'a immédiatement séduit. Il tenait par exemple le département du Gers qui commençait quasiment de l'autre côté de la route, pour une région sous-développée, peuplée de barbares et qui avait tout intérêt à se faire oublier. Si on lui disait que l'on venait de faire un tour « de l'autre côté », il vous regardait d'un air affligé, en soupirant tragiquement. Si l'on avait l'outrecuidance de lui révéler que l'on avait acheté une tourtière chez le boulanger d'Eauze, alors, ne pouvant maîtriser son indignation, il explosait : « Une tourtière à Eauze, ô mon Dieu, pauvres gens ! » Pour le coincer, il suffisait de lui rappeler qu'autrefois Labastide avait appartenu au Gers et que seule une décision politique l'avait placé dans les Landes. Du coup, il ouvrait un placard, en sortait une bouteille et deux verres, versait le liquide doré, en sifflait un petit fond, en redressant sa babine sur son dent en or, s'exclamait : « Et vous croyez qu'un armagnac comme celui-là, ils savent en faire, là-bas ? » « Là-bas » désignant le Haut-Armagnac, (en opposition avec l'inégalable Bas-Armagnac), une bien misérable contrée où des sauvages distillaient un poison que même les Borgia n'auraient pas osé servir à leur aimable clientèle. Le visage en lame de couteau et le ventre plat, M. Loubère avait l'air d'un champion du 110 mètres haies. Il avait seulement l'air car ce grand sportif n'était visible que vers dix heures du matin, quand il descendait l'escalier de son hôtel et se dirigeait, déjà exténué, vers le cagibi qui lui servait en principe de bureau et, en fait, de salon de lecture où il prenait connaissance dans *Sud-Ouest* des dernières nouvelles du département.

À part cela, c'était un élu très dynamique dès qu'il s'agissait de jouer des tours pendables à son curé, qu'en laïque conséquent il bouffait tout cru, mais dont il ne pouvait se passer. Monsieur le curé, comme un certain nombre de ses collègues dans le Sud-Ouest, « fréquentait ». Sa « connaissance » était une châtelaine des environs et apprenant un jour, à la suite d'une indiscrétion, qu'un discret week-end était prévu en Espagne pour le mois suivant, le maire avait fait avancer, au dernier moment, par son conseil municipal, la date de je ne sais plus quelle cérémonie à laquelle monsieur le curé ne pouvait absolument pas se dérober. Encore heureux qu'il ne lui ait pas offert une « plumasse », vieille pratique gasconne qui consistait à tracer nuitamment un chemin de plumes d'oie depuis la cure jusqu'à la demeure de la malheureuse.

Telle était la dure vie de ce maire-hôtelier (soyons juste, il avait sauvé de la ruine la merveilleuse place à arcades de son bourg, qui avait inspiré à Henri IV sa place des Vosges) qui avait fait de sa table l'une des plus courues de la région. La perspective d'un repas « chez Loubère » faisait saliver à l'avance.

Sur pied dès six heures du matin, tandis que le maître roupillait ferme, Mme Loubère, cloîtrée dans son royaume, prenait du bon temps, comme toutes les mères landaises, en trimant jusqu'au soir, à éplucher les légumes, plumer la volaille, mettre en route le civet de marcassin, préparer le bouillon au verjus dont elle arrosera le foie gras chaud ou surveiller la cuisson du salmis de palombes. Avec, en finale, la joie d'avoir à faire la vaisselle.

Mme Loubère ne se plaignait jamais de rien. M. Loubère, non plus.

C'était d'ailleurs pour ses amis le plus charmant des hommes.

La sauce de cèpes

Vous n'avez pas sous la main de beaux petits cèpes, tête-de-nègre, bien ronds, bien fermes ? Alors, oubliez. Avec la sauce de cèpes, on ne plaisante pas. Cela dit, c'est bête comme chou à réaliser. Pour six personnes, vous détaillez un kilo de champignons en gros dés, vous coupez en fines lanières, avec le gras, 200 grammes de bon jambon cru, vous hachez finement quatre échalotes grises et quand, dans le faitout, les trois cuillères de graisse d'oie commencent à vous brûler les doigts, c'est le moment de faire revenir le jambon et les échalotes. Puis, un petit coup de vin blanc sec, style sauvignon et, dix minutes plus tard, vous y glissez les cèpes, salés et poivrés, et vous laissez dix autres minutes en touillant, de temps en temps, avec la cuillère en bois. Au moment de servir dans une soupière toute simple et toute blanche, vous laissez tomber à la surface un peu de persil haché et quand le plat arrive sur la table, les conversations s'arrêtent net, tellement ça sent bon.

UN PÉRIGORD SECRET

«Je n'ai rien mais asseyez-vous quand même»

Le Périgord-Quercy avait été, lui aussi, une terre d'élection pour les mères.

En Dordogne et dans le Lot, les auberges de village ou de campagne étaient nées au début du XXe siècle, quand nombre de petits fermiers avaient espéré trouver une vie meilleure en vendant ou en louant leur lopin de terre pour devenir artisans ou petits commerçants. Comme il fallait nourrir le personnel, la fermière, traditionnellement en charge de la basse-cour et de la nourriture de la maisonnée, avait tout naturellement poursuivi sa besogne quotidienne mais cette fois, en se faisant aubergiste et peu à peu une clientèle locale de cantonniers, facteurs, maçons, instituteurs et autres, avait pris l'habitude d'avoir chez elle son rond de serviette pour «lou merenda», le repas de midi. La soupe au pain ou aux carcasses de volaille ou bien aux légumes qu'on enrichissait de morceaux de peau d'oie, ou encore le tourin à l'oseille (dans les Landes, on dit «tourrin») étaient servies d'autorité. On faisait suivre d'un plat unique qui n'était qu'exceptionnellement de la viande de bœuf, trop coûteuse, mais pouvait être un poulet aux salsifis, une poule à la farce noire, un confit de lapin ou, quand à Carnaval on tuait le cochon, les saucisses aux haricots à base d'épaule, de queue et de couenne.

Cela nourrissait son homme et ne coûtait guère plus qu'à la maison car on avait un bout de jardin pour la basse-cour et il y avait toujours de quoi engraisser un ou deux cochons.

L'ancienne fermière était devenue une « mère » et les affaires prospéraient gentiment, à proportion de son talent.

D'autres qui tentaient leur chance, en se mettant à leur compte, venaient de quelque « maison bourgeoise » (le notaire, le médecin, le conseiller général). Tout en demeurant rigoureusement traditionnelle, leur cuisine grimpait à un cran au-dessus, naviguant dans les hautes sphères de la truffe servie en soupière pleine à ras bord, comme si cela avait été des pommes de terre, le foie gras frais aux câpres, le brochet au verjus, le lièvre à la royale, la marquise au chocolat ou le gâteau à la broche qui ne nécessitait pas plus de deux douzaines d'œufs pour six convives.

À la fin des années 1970, les mères quercynoises et périgourdines filaient déjà un mauvais coton, poussées à la retraite par l'âge et, plus encore, par l'irruption de petits chefs, arrivés de n'importe où et totalement ignorants du véritable trésor de gourmandise et de savoir-faire sur lequel ils mettaient les pieds.

Le très gourmand Henri Philippon, journaliste, écrivain et connaisseur émérite de sa région, s'en désolait, rugissant contre ces menus « gastronomiques », « touristiques » et autres « spécialités de la maison » qui, à grand renfort de médaillon de foie gras (en boîte), d'omelette aux truffes (à la loupe), de jambon « du pays » (et surtout d'ailleurs), de confit (industriel) et de truite aux amandes, s'enrichissaient, si l'on peut dire, de l'inévitable et calamiteuse terrine « du chef » de coquilles Saint-Jacques (surgelées), d'escalope milanaise, voire de couscous ou de paëlla.

La Berezina qu'il décrivait ainsi correspondait bien à la réalité lorsque je me mis à fouiller la région en tous sens, grâce notamment à Sylvain Floirat, le grand patron d'Europe 1 qui, s'il l'avait pu, aurait racheté le pays entier pour que tout redevienne comme avant. Il avait ses coins secrets, où l'on « savait encore manger, le cul sur le banc ». J'en fis les miens. Une rencontre avec le député-maire de Cahors et ancien ministre de la IVe, Maurice Faure, fidèle à la gourmandise rad'soc', compléta mon carnet d'adresses. En dehors de l'amour qu'il portait à sa ville, il avait deux passions : l'une était de serrer le plus de mains possible dans la journée (le « toque-manettes »), l'autre d'aller pêcher les cafés-restaurants dans des trous pas possible, où les dernières petites mères vous régalaient comme sous la troisième République. En France, tout est toujours foutu, sauf le reste qui ne l'est pas. C'était de ce reste dont il raffolait et dont je fis mes choux gras.

***

Au bord de la nationale 20, entre Souillac et Cahors, Mme Baillagou « faisait pompe à essence ». Il n'y avait pas dans le monde une station Mobil qui sentait aussi bon. En retrait des pompes, la maison grise et terne des Baillagou ne signalait par aucune pancarte ou inscription la nature de ce qui s'y mijotait.

La patronne, qui n'avait pas de plan marketing, ne visait pas le passage. C'était au petit monde et aux notables de la région qu'elle ouvrait sa salle à manger « du dimanche » qui, entre l'inévitable buffet en noyer ciré et les photos jaunies de la famille Baillagou, ne désemplissait pas. On ne pouvait trouver à des kilomètres à la ronde de meilleur cordon-bleu, de cuisinière plus passionnée par son art.

Il n'était évidemment pas question de débarquer à l'impromptu. On devait impérativement annoncer son arrivée en appelant le 3 à Saint-Projet. Il ne fallait pas non plus s'attendre à y trouver une carte. On s'asseyait, on attendait quelques instants et Mme Baillagou en posant le premier plat vous disait : « Mangez-moi ça, ça va vous remettre en place. »

Il n'y avait pas mieux, en effet, pour se requinquer qu'une assiette de son tourin blanchi – une soupe à l'œuf, à l'ail, au vinaigre et au pain rassis, coupé en fines tranches – que, jadis dans les campagnes, on apportait, au petit matin de leur nuit de noces, aux jeunes mariés.

La cuisine de Mme Baillagou était celle que sa maman lui avait apprise et qui, elle-même, la tenait de sa mère, laquelle, etc. Une cuisine généreuse, franche comme l'or et bourrée de ces petits secrets tout bêtes qui peuvent transformer un plat casuel en petit chef-d'œuvre. Comme ce truc, par exemple, pour une omelette, qui consistait, après avoir chauffé la graisse d'oie dans la poêle et versé les œufs battus, à piquer des dents d'une fourchette en bois un bon morceau de beurre et à tourner en tous sens. Après quoi, elle versait le jus de truffes.

Le répertoire n'était pas renouvelable à l'infini et quand on avait goûté son foie de canard aux câpres gratiné à la chapelure de pain de campagne, son foie chaud en cocotte au verjus de chasselas, son pastis au poulet et aux salsifis, sa poitrine de veau (farcie de chair à saucisse, lard maigre, jambon cru, mie de pain mouillée au bouillon et servie avec tant de légumes différents qu'on avait l'impression que la brave dame avait vidé son potager), oui, quand on avait fait connaissance de ces amusettes, on n'avait plus qu'à revenir pour se caler les joues d'une palombe entière, flambée à l'armagnac, coupée en quatre et mise à mijoter dans le jus des carcasses, des carottes, et d'une réduction de vin rouge aux échalotes ou bien d'un confit de porc aux champignons ou encore d'une croûte aux truffes, foie gras et cèpes. Il ne restait plus alors qu'à recommencer.

Bien plus tard, j'ai appris que Mme Baillagou avait réalisé son rêve secret. Finies, la pompe à essence et la salle à manger du dimanche. Elle avait ouvert une vraie auberge, avec enseigne, rideaux à pompons, fer forgé, menus « touristique », « gastronomique », « spécialités de la maison », et engagé un second (pantalon à petits carreaux), qui a « travaillé chez » et aussi « chez », et qui pourrait lui succéder un jour.

***

Berthe Costes tenait un restaurant fantôme.

« Vous verrez, c'est à ne pas manquer », m'avait prévenu Maurice Faure. Il valait mieux téléphoner à l'avance mais il n'avait pas le numéro sur lui. Ce n'était pas grave, je trouverai bien. C'était un hameau en contrebas de la nationale 20, à une vingtaine de kilomètres de Cahors. Ussel, ça s'appelait. Pour trouver le nom sur la carte, il fallait de bons yeux et pour trouver Ussel, perdu dans un embrouillamini de chemins vicinaux et de cul-de-sac, il fallait une sacrée chance. Et pour tomber sur la maison de Berthe, avoir déjà gagné une bonne dizaine de fois au loto.

Il est vrai qu'entre-temps, j'avais complètement oublié le nom de la dame mais quelle importance, il ne devait pas y avoir des masses de restaurants dans ce trou perdu.

Il était vers les sept heures du soir quand je suis entré dans Ussel après avoir erré lamentablement. La localité en question se résumait à un maigre chapelet de maisons, disséminées dans un charmant vallon, et surtout de volets clos d'où ne s'échappait aucun signe de vie. Après avoir marché un bout de temps, le salut s'est enfin manifesté en la personne d'un homme qui regardait d'un air soupçonneux l'étrange créature qui osait s'aventurer à des heures impossibles dans cette honnête campagne.

À ma question, il répondit, l'air étonné : « Un restaurant à Ussel ? J'ai jamais entendu parler. » Après un moment de réflexion et alors que j'insistais en évoquant l'existence d'une dame cuisinière, le bonhomme, soudainement frappé par la foudre, lâcha : « Ah, vous voulez peut-être parler de Mme Costes ? Elle fait pas restaurant mais elle sert à manger. » Et il ajouta : « Juste en face. C'est ma mère. »

Sur la façade, un écriteau rouillé vantant l'éternité de la pile Wonder et à l'intérieur, une salle sombre, une cheminée où l'on aurait pu caser un cheval, une grande armoire qui sentait bon la cire et au coin du feu, un chien et un chat qui roupillaient en une trêve fraternelle. Et pas de poste de télévision.

Berthe Costes ne parut pas autrement surprise. Le nom de Maurice Faure y était sans doute pour quelque chose. « C'est dommage, dit-elle, que vous n'ayez pas téléphoné. Le numéro, c'est le 9 à La Mothe-Cassel. Oui, c'est dommage car, ce soir, je n'ai rien. Installez-vous quand même. » Elle me fit asseoir dans la cheminée sur un bout de banquette devant une table minuscule qui disparut bientôt complètement sous une nappe d'une blancheur virginale. Les verres, les couverts étincelants comme s'ils avaient été en argent, les assiettes fleuries, tout respirait la simplicité du vrai raffinement.

Au bout d'un petit moment, alors que je me trouvais en la bonne compagnie d'un cahors de race, avec juste la petite pointe indispensable d'accent rocailleux, le « ce soir, je n'ai rien » débarqua sous la forme d'une soupe aux couennes et haricots, d'une omelette aux cèpes, qu'elle faisait dorer sous mes yeux, d'un morceau de cochon confit sorti de la grande armoire grinçante, d'une salade à l'ail qui me donnait l'impression de n'avoir encore jamais mangé de salade, de vaillants petits fromages de bique et, plus inattendu encore dans une maison où « il n'y avait rien », des crêpes, d'une légèreté confondante, discrètement arrosées d'eau de vie de prune.

« C'était bien bon, Mme Costes. Qu'est-ce que je vous dois ? »

« Huit francs, ça vous va ? » Elle ajouta : « La prochaine fois, si vous appelez, il y aura de quoi. »

Même en 1972, huit francs, ça m'allait.

Quand des années plus tard, je racontai mon repas à Patrice de Nussac, alors rédacteur en chef de *Gault-Millau*, il m'a répliqué par un autre souvenir du Périgord. Une de ses amies, qui n'avait rien prévu pour le déjeuner, traversait tardivement un hameau perdu, dans le genre d'Ussel, quand elle lut sur une façade une inscription défraîchie mais bien réelle : « On sert à manger. » Elle s'arrêta, ouvrit la porte et tomba sur une dame qui lui demanda : « C'est pour quoi ? » « Si c'est possible, j'aimerais bien déjeuner. »

« Ah, fit la dame, un brin embarrassée. Vous me prenez de court. Je n'ai pas grand-chose mais installez-vous quand même. »

À la fin du repas – omelette, confit d'oie, salade aux croûtons aillés, fromage et une part de tarte – la visiteuse dit à son hôtesse : « C'était très bon mais dites-moi, ça doit être dur. Vous ne semblez pas avoir beaucoup de clients. »

« Des clients ? fit l'hôtesse. Mais il n'y en a jamais. Le restaurant, c'était au temps jadis, avant même la dame qui m'a vendu la maison. »

***

C'est chez Mme Faget que j'ai compris que nous n'allions pas tarder à changer de planète.

Le Moulin Bleu, à Estigarde, était une baraque bien banale et pas assez délabrée pour être vraiment pittoresque bien que la basse-cour était à demi éventrée. En retrait de la route ouverte à la civilisation, il se cachait au bord d'un chemin où jamais personne ne serait venu par hasard. Quand, par miracle passait une voiture, on sortait pour la regarder et, généralement, on connaissait le conducteur. À quelques pas, dans un cadre romantique à tomber raide amoureux, dormait un ravissant petit étang où venaient boire les loups. Non, je ne plaisante pas. À la fin des années 1950, des chasseurs avaient tué un loup. Un vrai. Le dernier jamais aperçu dans la forêt landaise entre Villeneuve-de-Marsan et Lapeyrade.

Pas de téléphone, pas de touristes mais à midi, autour de la grande table, le coude à coude des résiniers et des bûcherons. Pour quelques francs, Mme Faget leur faisait à manger : hors-d'œuvre, un plat en sauce, un morceau de volaille rôtie, salade, fromage et dessert. Bref, l'ordinaire.

Les chasseurs du coin et même de beaucoup plus loin (il y avait des initiés qui venaient depuis Bordeaux, c'est dire) prenaient la précaution de prévenir à l'avance, grâce à un réseau dont je n'ai toujours pas compris les mystères mais qui fonctionnait parfaitement. Ils ne risquaient pas de repartir à la chasse après le repas. Un déjeuner, sur commande, au Moulin Bleu, allait chercher dans les trois heures, depuis la soupe jusqu'au pousse-café. Mme Faget se lamentait, bien entendu, de ne rien avoir à vous donner et c'était en geignant qu'elle faisait défiler sur la table des tranches d'un jambon aux saveurs inconnues, une jardinière de légumes de son jardin, un salmis de palombe, suivi de brochettes de « petits oiseaux » (appellation pudiquement landaise pour désigner le massacre habituel de rouges-gorges, passereaux et autres malheureux innocents qui ont toujours fait les frais de l'appétit landais). Je ne sais plus très bien où se situait le confit chaud d'oie, de porc ou de dinde mais je garantis qu'il y en avait, de même que les pommes de terre à la graisse d'oie et la grosse tarte aux pommes sortie tout juste du four. Le vin se contentait d'être guilleret et un peu acide mais quand on règle une addition de 90 francs pour six personnes, on sait se montrer discret au chapitre des réclamations.

D'ailleurs, lors d'un autre repas, je fus le témoin d'une scène extravagante à une grande tablée de chasseurs. L'un d'eux interpella la patronne : « Dîtes-nous, Mme Faget, il ne vous resterait pas des bouteilles de vieux vin cacheté ? » Était-ce un coup de chance ou bien était-il informé ? En tout cas, la réponse ne se fit pas attendre :

« Oh, gémit la patronne, j'en ai bien encore *queques* unes mais c'est pas sûr que c'est encore bon à boire. Vous pensez, des vins de c't'âge là... Enfin, si vous y tenez... »

Elle s'éclipsa et revint avec un couffin d'où dépassaient un lot de goulots. Il y avait un peu de tout : de vulgaires entre-deux-mers mais aussi du beau monde et même du très beau, comme ducru-beaucaillou, léoville-las-cases... Et, surprise époustouflante, un haut-brion 1945.

Les chasseurs firent leur choix et au moment de l'addition, Mme Faget annonça d'un air bien embarrassé : « Pour les vins, je sais pas. Ils sont dans la cave depuis tellement longtemps. » Elle réfléchit un moment et dit : « 10 francs la bouteille, ça vous irait ? » Alors, le chasseur qui avait fait preuve d'un sacré flair s'exclama : « Voleuse ! »

Bien entendu, il plaisantait. La pauvre Mme Faget, elle, pas du tout.

Accablée par la honte, elle murmura : « 8 francs, ça vous irait ? »

Avant de partir, je fis un brin de causette avec la fille de la maison qui nous avait servi. Je me trouvais dans le même état de béatitude qu'aurait pu l'être Bernardin de Saint-Pierre débarquant dans une île inconnue peuplée de bons sauvages exquis, aussi innocents qu'au premier matin du monde.

Dans une envolée lyrique, je lui dis : « Ah, Mademoiselle, quelle chance vous avez de vivre dans un aussi merveilleux endroit ! Beaucoup de jeunes filles des grandes villes vous envieraient certainement. Un jour, ce sera à votre tour d'être la reine de ce petit paradis... »

Elle me regarda d'un air buté et me répondit, avec cet accent landais que ma prose ne saurait transcrire : « Ouh, là là, ça m'étonnerait. Moi, je veux faire coiffeuse. À Mont-de-Marsan. »

LES CURÉS GASCONS, C'ÉTAIT MIEUX QUE DES SAINTS

Ils vous auraient même réconciliés avec le pape

Les curés en Gascogne et en Périgord, on aime bien en bouffer (*« Il faut se méfier du devant d'une femme, du derrière d'une mule et d'un curé de tous côtés »*, dit un proverbe gascon), mais c'est comme les ortolans, on les adore.

Remarquez, cela n'a jamais été au bon Dieu qu'on en a voulu mais plutôt à cette manie dérangeante de l'Église de vouloir assurer à tout prix votre salut.

En revanche, des citoyens comme le chanoine Diet, l'abbé Bergey, l'abbé Pistre, l'abbé Buste, le curé de Pissos ou celui de Monbazillac, tous ceux qui ont eu le bonheur de les connaître directement ou indirectement et celui, aujourd'hui, d'être encore en état de le raconter, vous le diront : c'étaient encore mieux que des saints, de vrais hommes ou, si vous préférez, de vrais Gascons, qui, pour un peu, vous réconcilieraient avec le pape.

J'ai sous les yeux les reproductions de cartes postales, d'une drôlerie irrésistible, datant des années 1910 et qui plus que de longs discours font comprendre que les curés du Sud-Ouest n'ont jamais été et ne sont toujours pas des chrétiens ordinaires. En Périgord, lors de la séparation de l'Église et de l'État, quelques prêtres, privés soudainement de ressources, se convertirent au commerce, sans abandonner pour autant la soutane et la barrette. Il se trouva notamment à Périgueux un certain abbé Noê *(sic)* Chabot qui ouvrit un café-tabac à l'enseigne de « Chez le Curé. Au vrai Monbazillac ». Pour sa publicité, il avait fait réaliser un jeu de cartes légendées sur lesquelles il apparaissait, la tête couronnée de grappes de raisin et de feuilles de vigne, ou bien, devant sa boutique, à califourchon sur un tonneau, brandissant une bouteille de monbazillac, ou encore derrière son comptoir débouchant un flacon et l'air sérieux comme un pape dans son costume de curé. Il ne se contentait pas de remplir et vider les verres, il mirlitonait à l'intention de son aimable clientèle. Jugez plutôt :

« Chrétiens mes frères
Chez les curés, croyez-moi bien
Vous ne boirez que de bon vin »

Et également :

« Si place et pain te manquent chez Jésus
Entre chez moi, m'a dit le bon Bacchus.
Blanchir l'âme est difficile besogne.
Bacchus aime bien mieux rougir la trogne. »

Un demi-siècle plus tard, les bons pères n'avaient toujours pas perdu la main. Avant de devenir le premier cuisinier de Toulouse, Lucien Vanel m'avait émerveillé aux fourneaux de son petit hôtel familial de Lacapelle-Marival, dans le Lot. C'est là qu'un jour, il avait vu débarquer trois prêtres, en soutane, qui, à la fin du déjeuner, par eux somptueusement honoré, lui avaient demandé son meilleur armagnac. Arriva sur la table le « Pot Gascon de Vieille Relique » de chez Samalens. Ils vidèrent leur verre mais, avec tact, firent comprendre à Vanel qu'en matière d'armagnac, il y avait meilleur. « Si vous permettez, dirent-ils à leur hôte, nous allons vous en faire livrer... et du vrai. »

Quelques semaines plus tard, Vanel réceptionnait un carton contenant quatre bouteilles étiquetées : « Envoi de l'abbé Buste, curé de Croute, par Plaisance-du-Gers ». Était joint un avis de remboursement de 892 francs, ce qui à l'époque était une somme assez faramineuse. Heureusement, l'armagnac était une pure merveille et Vanel paya sans regimber. Pendant deux ans, il reçut le bulletin paroissial de Croute... gratuitement. Bien plus tard, alors que l'abbé Buste avait rejoint la Maison du Père (et les vignes du Seigneur), Vancl découvrit la chapelle de Croute et, par la même occasion, sa magnifique restauration due aux générosités *(sic)* des paroissiens.

Je vous l'ai dit : les curés gascons, c'est encore mieux que les saints.

LES CHANOINES DE SAINT-ÉMILION

Quand Dieu se mettait à table

Quand j'ai visité Saint-Émilion pour la première fois, au début des années 1970, les Vikings l'avaient quitté depuis un certain temps.

En 849, ces visiteurs du Nord, dont on ne sait toujours pas s'ils étaient de grosses brutes ou bien de zélés marchands pressés de trouver de nouveaux débouchés sur la Méditerranée, eurent l'idée de remonter le cours de la Dordogne sur leurs vaisseaux, ils remarquèrent évidemment les tours puissantes de Saint-Émilion. Ils se frottèrent les mains, du moins peut-on le supposer car la cité paraissait prospère et bonne à prendre.

Ils débarquèrent donc et s'avancèrent vers la colline. La population ne passait pas pour être particulièrement belliqueuse mais lorsque les guetteurs signalèrent l'envahisseur, on décida quand même de se défendre et même d'arracher les pieux qui soutenaient la vigne pour s'en servir comme gourdins. Le combat s'engagea.

À leur propre surprise, les Saint-Émilionnais ne cédaient pas un pouce de leur terrain mais à mesure que les heures passaient, le soleil tapait de plus en plus fort et les gosiers, dramatiquement, se desséchaient. On dit aux femmes d'apporter du vin. Aussitôt, l'ardeur des combattants redoubla et, tout au long de la journée, ils levèrent le coude sous le regard intrigué des Vikings.

Ceux-ci se demandaient quel était le mystérieux breuvage qui donnait tant de courage. Alors, pour assouvir leur curiosité ou tout simplement parce qu'ils en avaient assez de suer pour rien, ils envoyèrent quelques hommes sans armes qui firent comprendre, avec force gestes, qu'eux aussi boiraient volontiers un coup. Le cœur sur une main et une cruche dans l'autre, les villageois ne se firent pas prier et bientôt d'autres Vikings arrivèrent pour lever le coude, tant et si bien que leur féroce campagne tourna à la partie de campagne.

Futés, les Saint-Émilionnais dirent à leurs visiteurs quelque chose comme : « Vous voyez bien qu'il y a mieux à faire que de se battre. Continuez votre chemin, il y a des tas de choses à voir un peu plus loin et quand vous repasserez par chez nous, nous vous ferons goûter d'autres bonnes barriques. »

Ainsi fut fait. Les Vikings, remontant la Dordogne, allèrent se faire la main sur Périgueux et, comme il ne vint pas à l'esprit des habitants de leur offrir à boire, ils dévastèrent la ville de fond en comble. Quelque temps plus tard, repassant au large de Saint-Émilion, ils jetèrent aussitôt l'ancre et déboulèrent avec de larges sourires sur cette aimable cité où l'on ne rêvait ni de plaies ni de bosses mais où, au contraire, on entretenait la douceur de vivre dans le souvenir du poète Ausone et aussi d'Émilianus, un ermite qui avait précisément choisi ce lieu pour sa tranquillité.

On rebut donc quelques coups et même quelques autres et encore quelques autres, avant de se quitter enfin avec moult embrassades et promesses de se revoir, en vieux frères de comptoir.

***

Voilà bien de la grande et authentique histoire qu'il serait insensé de mettre en doute puisque je la tiens tout à la fois du grand maître de la Jurade et du curé de Saint-Émilion, auxquels, comme vous allez le voir, on peut faire confiance.

D'ailleurs la preuve que c'est la vraie vérité : comment expliquer autrement que le Saint-Émilion est le vin préféré des pays nordiques ?

Tout de suite, je l'ai aimée cette petite ville, dorée par le soleil et qui, tant par la blondeur nacrée de ses pierres que par ses contours précis, hérités d'anciens remparts, ressemble à une coquille Saint-Jacques encastrée dans le plateau, que seul assiège l'océan prospère du vignoble. Partout flotte une paix voluptueuse et on la déguste lentement comme un vieux vin.

Quand j'y fus pour la première fois, on ne risquait pas plus qu'aujourd'hui de s'y ennuyer, mais si l'on voulait vraiment se gondoler, c'était le dimanche qu'il fallait la découvrir, à l'heure de la grand-messe dans la belle et sombre collégiale.

Si l'on avait la chance d'être accompagné par un natif qui connaissait son monde, il vous glissait à l'oreille la plus douce des litanies qui aient jamais retenti sous une voûte romane :

« Au bout de la travée, c'est Cheval Blanc. À droite, c'est Ausone. Juste à côté, c'est Figeac. Derrière nous, Pavie et La Gaffellière. Tiens, Trottevieille n'est pas encore arrivé. Ah si, le voilà ! L'Angélus a une drôle de mine, vous ne trouvez pas ? »

Le dimanche, à Saint-Émilion, la messe ne réunissait pas une assemblée de fidèles mais d'étiquettes aux noms enchanteurs et de bouteilles à vider dès l'envolée libératoire du *Ite missa est.*

Alors faisait son entrée le curé de Saint-Émilion. Taillé comme une barrique de bon chêne du Limousin, la paire de pognes bonne à stopper net un sanglier dans sa course, le nez fleuri, la bouche offerte aux plaisirs terrestres, le sourcil dressé comme un coq en colère, le chanoine Diet vidait, par la seule promesse de son prêche, les villages des alentours et même les cafés.

D'une voix qui sonnait comme un appel aux abris, notre bon géant (1,95 m), le dos tourné à l'autel car il se refusait à grimper dans la chaire qu'il jugeait trop « m'as tu vu », commentait les événements de la semaine passée, non pas ceux de là-haut, d'au-delà les nuages, propres à ne passionner que la chaisière et une poignée de dévotes, mais l'actualité d'en bas, fraîche comme le lait de la traite et croustillante comme le pain tout juste sorti du four.

Cela pouvait commencer par quelques supputations sur la prochaine récolte, un envoi *presto* aux Enfers des misérables qui s'aventureraient à faire pisser la vigne et, après quelques politesses à l'adresse des paroissiens qui avaient eu le tact de lui faire porter des échantillons de la dernière mise en bouteille (assorties d'une invitation muette aux retardataires de se mettre au plus vite en règle), le chanoine se lançait dans son numéro favori d'imprécations contre le monde moderne, ses pompes et ses basses œuvres.

Les touristes, déboulant, tels les barbares du Nord, dans leurs engins bruyants et malodorants, occupaient dans ses pensées fulminantes, une place privilégiée. Ils roulaient comme des fous, écrasaient les poules de nos braves fermiers, faisaient courir les pires dangers aux enfants de ces bons villages chrétiens et leur seule présence dans un si beau pays était « une offense à Dieu ».

Il ne priait pas ouvertement ses correspondants célestes d'expédier ces malfaisants tout droit dans le premier platane, mais on sentait bien à son ton qu'il se serait fait une raison si, à ce moment précis, la sirène d'une ambulance avait chanté sa mélodie.

Pour souligner son acte de foi, il livrait sa définition du tourisme : « Cela consiste à envoyer des gens qui seraient mieux chez eux chez d'autres gens qui seraient mieux sans eux. »

Il faut dire que cette fois-là, un de ces misérables avait fait vraiment fort :

« Ah, mes pauvres amis, rugissait l'abbé Diet, savez-vous ce que j'ai découvert hier en sortant de mon confessionnal ? Vous voyez ce gros et magnifique pilier, sur la droite. Eh bien, il y avait un homme qui pissait tout tranquille et je dirais même dans un état de béatitude scandaleux. Pipi dans notre belle église, vous vous rendez compte ? C'est qu'ils sont capables de tout, ces gens-là ! »

Et d'enchaîner après une courte pause destinée à souligner l'ampleur de la tragédie :

« Il paraît qu'il n'y a encore que 4 Français sur 10 qui partent en vacances. Que deviendrons-nous quand il y en aura 8 sur 10 ? Je préfère ne pas y penser. Espérons que le bon Dieu aura pitié de nous. »

Le rendaient tout aussi furibard les dernières modes qui sévissaient dans l'Église. La messe ânonnée dans une langue que n'importe quel imbécile peut comprendre, le complet veston des « nouveaux ecclésiastiques » pareil à celui d'un chef de rayon aux « Dames de France » de Mont-de-Marsan, les bonnes sœurs qui chantent en grattant de la guitare dans les émissions de Jean Nohain, les prêtres-ouvriers qui défilent sous la faucille et le marteau : tout le grand remuement censé rajeunir la foi et donner une nouvelle vigueur au clergé le laissait sans voix.

C'était du moins ce qu'il clamait dans des rugissements à faire tomber les vitraux, avant de clore sur ces fortes paroles : « Si cela continue comme cela, mes bons amis, je vais me faire cantonnier. »

Le bruit courait dans le pays que lorsqu'il avait en confession un propriétaire de château ou un maître de chai, le chanoine Diet infligeait pour pénitence : « Trois Notre Père et une caisse ». Pour de gros pêchés, la sanction pouvait grimper à trois caisses.

Il existait toutefois un doute car il arrivait qu'on attribuât au chanoine certains exploits de son prédécesseur, l'abbé Daniel Bergey.

Tout le contraire, lui aussi, d'une face de carême, ce héros de la Première Guerre mondiale, qui était devenu député. Jusqu'à ce qu'il abandonne la politique et laisse en 1932 sa circonscription à Philippe Henriot – le futur chef de la Milice – les discours de ce bagarreur enflammèrent la Chambre. « Depuis la séparation de l'Église et de l'État, expliquait-il, il est couramment admis que le prêtre est un être amorphe et invertébré qui n'a rien sous sa soutane. Eh bien, je fais de mon mieux pour dissiper la légende. »

De fait, il lui arrivait de débarquer dans son église avec son gros cigare et sa soutane baptisée au saint-émilion. En chaire, il engueulait ses fidèles par leur nom et les fidèles revenaient chaque dimanche. Un jour, alors qu'il buvait un verre dans un café, un gars qui voulait faire le malin et avait de surcroît un petit coup dans le nez, l'apostropha : « Dieu, c'est des inventions de curé. Moi, je ne crois que ce que je vois. » « Ah, tu ne crois que ce que tu vois, espèce d'abruti. Mon cul, tu l'as vu ? Non ? Pourtant, il existe. »

Ce trait de scolastique, ajouté à bien d'autres, lui valut de quitter sa cure, sur l'ordre de l'archevêché. Le jour du départ, alors qu'il venait de grimper dans sa Citroën, la population tenta de faire barrage mais dût bientôt renoncer devant ses objurgations. Des délégations ne cessèrent alors de se présenter à l'archevêché pour réclamer le retour de leur curé. Finalement, les gens de Saint-Émilion, croyants et mécréants confondus, eurent gain de cause et le ramenèrent en triomphe, comme, à Rome, un général vainqueur.

L'abbé Bergey ne se rangea pas des voitures pour autant. Le dimanche suivant, il entourait d'un ruban rouge la stalle des élus communistes qui accompagnaient leur femme à la grand-messe.

Après sa mort en 1950, la même municipalité donna son nom à une rue et fit ériger un buste à la mémoire du grand homme.

En tout cas, il n'aura pas eu à rougir de son successeur.

***

Ce soir, je l'ai devant moi, au château Monbousquet, à la grande table de Daniel Querre, vigneron émérite et père refondateur de la Jurade de Saint-Émilion qui, chaque année, tient son chapitre solennel. Assis à côté d'un autre patriarche, Georges Chailleau, le propriétaire du confidentiel domaine de la Clotte, dont le palais infaillible (« le palais de Chailleau », précise-t-il) alimente un ventre magnifique, le chanoine Diet vient de tomber en pâmoison, les bras tendus vers le ciel.

Ce n'est pas le saint patron de la cité, le moine Émilianus, qui lui est apparu. C'est, apporté par la cuisinière, un grand plat d'où monte un irrésistible parfum qui, aussitôt, fait frémir les narines et retrousser les babines.

« Ah ! s'exclame le chanoine, des ortolans ! Dieu soit loué, des ortolans ! »

Il y a là un vol entier de ces petits oiseaux au ventre plein dont le gavage et la vente seront plus tard interdits par les lois de la République. L'abbé Diet noue sa grande serviette blanche autour de son cou et saisissant une petite bête l'enfourne tout entière dans sa bouche, tête pointée vers l'extérieur. Il l'en ressort aussitôt et commence à mon intention sa leçon d'ortolan :

« Une fois bien et délicatement posé sur la langue, vous le broyez d'un coup sec. Tout doit y passer, la chair et les os. Mais attention, vous savourez lentement, lentement... Prenez tout votre temps. Maintenant, vous vous occupez de la tête. Encore un petit crac ! mais cette fois sur le crâne et vous sucez la cervelle. Vous avez bien compris ? Alors, on peut commencer. »

Le chanoine dénoue sa serviette et, disparaissant à la vue du monde, la déploie sur sa tête. La table entière s'y met à son tour et il n'y a pour rompre le silence que la fracassante musique d'un double concerto pour langue et molaires dont chacun se veut le virtuose.

Quand la cuisinière réapparaît, je me prépare à passer au fromage. Sacrilège ! La messe n'est pas terminée. Le nez du chanoine s'est redressé et palpite déjà sous les effluves de la douzaine de bécasses rangées en cercle sur le plateau tapissé de feuilles de vigne. Pourtant, ce n'est pas lui qui prend la parole mais le père Chailleau, qui fait avancer ses cent huit kilos vers une quatre-vingtième année, toujours au vaillant service de ses trésors souterrains (Cheval Blanc 1943, Cap-de-Mourlin 1928, Ausone 1874, La Clotte 1929), de ses bons mots et d'une longue dynastie de lièvres, d'écrevisses, de grives et, bien sûr, de bécasses, dont il passe pour l'un des plus fins connaisseurs.

Le voici lancé, à mon aimable intention, dans un discours sur l'art de les déguster.

« Aux dames, offrons d'abord le côté gauche qui est celui du cœur, et le plus tendre. La bécasse se tenant au repos sur la jambe droite, celle-ci est en effet plus ferme. Maintenant, nous allons nous remettre sous nos serviettes en prenant bien soin de couvrir l'assiette. Je vous recommande de commencer par l'aile qui est moins goûteuse, pour aller *crescendo* vers la cuisse, puis le croupion que l'on suce soigneusement, accompagné de la rôtie recouverte des intérieurs et du foie, flambés au cognac.

Enfin, ce sera au tour de la tête avec son cou que l'on fera griller dans l'assiette avec du gras de rognon de mouton, flambé au calumet, cet entonnoir de fer rouge que vous apercevez au bout de la table. À deux convives, en grignotant chacun un bout de ce cou cramé, nous arriverons à la sublime moelle qu'on partagera en tirant sur le bec, dont chacun fera un cure-dents pour la prochaine fois. Maintenant, mes amis, au travail ! »

Le concert de broiements va donc pouvoir reprendre de plus belle et nous conduire ainsi aux fromages et au dessert. Tandis qu'un peu plus tard, on sert le café et les alcools, l'abbé Diet retombe du ciel, où pendant tout ce temps un état de suprême sérénité l'a retenu, et nous délivre une nouvelle primordiale.

Un jeune couple, récemment installé aux environs de Saint-Émilion, l'a convié demain à déjeuner et il y aura de la lamproie à la bordelaise. Un événement, en effet, majeur, de nature, insiste-t-il, à lui redonner confiance dans une jeunesse française qui lui inspirait quelques doutes. Un jeune couple capable de préparer, dans la bonne tradition, une lamproie à la bordelaise, voilà en effet de quoi se réjouir : la relève est assurée et la France n'est pas complètement fichue.

Sur ces paroles, il nous quitte, retrousse sa soutane et grimpe sur son vélo.

Le lendemain, dans l'après-midi, je me trouve dans la voiture d'Alain Querre, le fils de Daniel, quand à l'entrée de la ville, un navrant spectacle nous attend. Effondré sur un talus, le chanoine Diet a l'air fort mal en point. Son vélo gît sur le sol. Nous nous précipitons. Grâce à Dieu, il ne semble pas accidenté et, bien que difficilement, il respire encore. Il nous reconnaît. On le sent sous le coup d'une forte émotion. Nous nous rapprochons et de sa bouche s'échappe alors une psalmodie accablée. Nous tendons l'oreille: « Quelle médiocrité... quelle médiocrité », répète le saint homme.

« Vous ne vous sentez pas bien, monsieur le chanoine ? Rien de grave ? »

D'un coup, il se redresse, se remet sur ses pieds et gronde : « Quelle médiocrité ! J'avais tort d'espérer. La jeunesse ne sait même pas faire la lamproie. Oui, la France est bel et bien foutue. »

Il tire son vélo vers lui, l'enjambe et s'en va en pédalant comme un dératé.

Je ne saurai jamais si le curé de Saint-Émilion nous a joué la comédie ou si, réellement, il venait de vivre une douloureuse étape sur son chemin de croix.

LE PETIT JÉSUS JOUE AU RUGBY

L'abbé montrait le maillot du club sous sa soutane

L'abbé Pistre n'était pas, lui non plus, confit dans la dévotion sulpicienne mais plutôt dans la bonne graisse de foie gras. D'ailleurs, lors de ses montées à Paris où Antoine Blondin me le fit rencontrer, il y avait toujours, prêt à sortir de sa vieille serviette en cuir tout craquelé, quelque morceau de foie de canard, de boudin froid d'Aurice (le meilleur des Landes) ou de cou d'oie farci que l'on croquait sur un coin de table, en vidant une bonne bouteille.

Antoine avait pour lui une si vive amitié qu'il lui dédia plus tard son *Monsieur Jadis*. Tous deux entretenaient la même passion pour le rugby dont, pendant plus de trente ans, l'abbé Pistre fut le pape indiscuté et vénéré. De toutes les religions, c'est, avec la chasse à la palombe, celle du ballon ovale, qui échauffe le plus le cœur des Gascons. Il ne fait d'ailleurs là-bas de doute pour personne que le rugby est le sport préféré du bon Dieu.

Rien d'étonnant donc à ce que, jusqu'à sa mort, l'abbé Pistre, natif de Mazamet, porta sous sa soutane le maillot jaune et noir du Sporting Club d'Albi.

***

La foi et le rugby l'avaient touché simultanément, alors qu'il n'était encore qu'un enfant de chœur à Mazamet. À douze ans, il fit une telle impression sur les prêtres d'une mission qui étaient venus prêcher la Pâque qu'en pleine messe, ils laissèrent le petit Henri grimper dans la chaire, lequel, aussitôt, adressa aux fidèles un prêche enflammé qui laissa pantois son public. Quant au rugby, encore trop jeune pour monter en équipe, il distribuait néanmoins les coups de pied au cul avec une maîtrise qui trahissait déjà le botteur de talent qu'il deviendra à sa sortie du séminaire, où il était interdit de faire du sport sans soutane.

À peine admis au SC Albi, son don passa si peu inaperçu que, contre Limoges, le capitaine le prit comme deuxième-ligne. Ce jour-là, il distribua « le pain béni » avec une telle virtuosité qu'il fut consacré aussitôt équipier premier en troisième ligne de cette illustre équipe d'Albi. Le rugby et les Saints Évangiles concluaient à travers lui le plus heureux des mariages car comme il le disait : « Dans les deux cas, il vaut mieux donner que recevoir. »

Mais c'est à l'occasion d'un challenge d'athlétisme qu'il commença à devenir une célébrité dans la région. Il releva le défi de disputer toutes les épreuves ! On le vit tour à tour au 100 mètres, au 110 mètres haies, au saut en hauteur, au lancement de poids, au lancement de disque, au saut en longueur et au relais quatre fois 100 mètres, où il termina deuxième.

Ordonné prêtre, il quitta ses amis du Sporting sur ces mots : « Maintenant je vais essayer de porter le ballon au milieu des poteaux de la sainteté. » C'est ce jour-là que, défaisant le paquet-cadeau qu'on lui offrait, il trouva le maillot jaune et noir qui ne devait jamais le quitter, aussi bien comme entraîneur du Castres Olympique que comme curé de campagne.

Dans le monde du rugby, il allait devenir un véritable monument.

Lorsqu'en 1975, le toulousain Georges de Caunes prit la direction du service des sports à TF1, c'est l'abbé Pistre qu'il choisit comme consultant pour commenter les matchs, notamment du Tournoi des 5 Nations.

***

Son confrère et ami, le curé de Pissos, une petite bourgade au cœur de la forêt landaise, ignorait la fièvre du ballon mais quand il s'agissait de la Sainte Vierge, il tapait fort.

Nous sommes le jour de l'Assomption. Il a décidé de bien expliquer à ses ouailles l'importance de la Vierge Marie. Du haut de la chaire, il commence ainsi : « Mes chères frères, mes chères sœurs, en ce jour de célébration de notre vénérée Marie, je voudrais vous faire comprendre quel personnage exceptionnel était la Sainte Vierge. Non, ce n'est pas facile mais une comparaison va sans doute vous aider.

Vous connaissez tous, bien sûr, cette chère Mlle Bordenave qui en ce moment même est assise devant son harmonium et qui, avec une constance admirable, emplit de fleurs fraîches les vases de l'église, passe le plumeau sur les statues et, une fois par semaine, lave le sol à grande eau. Mais là ne s'arrête pas son sacerdoce. Quand une personne tombe malade ou que survient un décès, elle est la première à accourir afin d'apporter aide et consolation. Lorsque les enfants de Marie de notre chère association des "Colombes Pissotines" célèbrent leur fête, c'est encore elle qui veille à tout, décore la salle paroissiale, recoud un ourlet par-ci, un bouton manquant par-là et je dois vous dire que sans son secours, votre curé se trouverait bien démuni.

Alors, mes chers frères, mes chères sœurs, vous ne me contredirez certainement pas si je vous dis que Mlle Bordenave est une sainte. Oui, oui, j'entends vos murmures d'approbation.

Eh bien, je vous le dis en toute conscience et afin de mieux vous faire mesurer la grandeur de notre vénérée Marie : à côté de la Sainte Vierge, Mlle Bordenave est une pute !

Au nom du Père, du Fils et du Saint-Esprit, ainsi soit-il. Allez en paix. »

***

Chaque lundi de la Pentecôte, bourrée à craquer, la petite chapelle romane de Larrivière-Grenade, à dix minutes de chez Michel Guérard, dans les Landes, a des allures de vestiaire, un jour de match. On ne risque pas d'apercevoir, dans la foule des fidèles, beaucoup de curistes venus fêter la perte de leur vingtième kilo. C'est une messe de poids lourds, de gars style locomotive, qui ne se laissent pas marcher sur les pieds et, le matin au petit déjeuner, fonctionnent plus à la garbure et au confit de canard qu'à l'aspartam et au yaourt zéro pour cent. Pieusement recueillis, les gladiateurs du ballon ovale rendent grâces à Dieu, en ce jour de pèlerinage, d'avoir fait du Sud-Ouest la terre du rugby, avant d'aller fêter cela d'un petit en-cas et d'un coup de rouge.

Dans quel autre pays que gascon aurait pu naître, dans le cerveau d'un curé, l'idée de relever une chapelle en ruine pour en faire la très officielle « Notre-Dame du rugby » ?

L'abbé Michel Devert, docteur ès lettres, licencié d'anglais et passionné d'histoire, n'a jamais porté le maillot comme son confrère l'abbé Pistre, bien qu'il fût passionné de rugby – c'est bien le moindre au pays des Albaladejo, Dauga, Ibanez, Boniface et autres. La mort de trois joueurs du club de Dax dans un accident de voiture, en 1964, lui donna l'idée de créer un lieu de recueillement où joueurs et supporters pourraient se retrouver sous la protection de la Vierge Marie. Une fois remontés les murs de la chapelle, il y accrocha les maillots des trois disparus et peu à peu Notre-Dame du rugby s'est couverte de trophées, offerts par des clubs du monde entier, de photos, de chaussures à crampons, de maillots, de vitraux allégoriques et de statues dont au moins une ne risque pas de se faire oublier : elle représente une Vierge à l'Enfant Jésus qui tient dans ses petits bras un ballon.

Sur l'autel, un simple cahier est ouvert à l'intention des pèlerins pour y inscrire, naïfs, touchants, un peu ridicules, leurs vœux, leurs angoisses et leurs espérances : « Notre-Dame du rugby, faites que mon équipe gagne dimanche... que je ne devienne pas aussi laide que ma sœur... que j'aie demain mon permis de conduire... que grand-père gagne au gros lot. » Ou encore : « Notre-Dame du rugby, aidez-moi à mieux comprendre le rugby. »

Ce lieu unique au monde pourrait faire croire à d'antiques épousailles sacrées entre l'Église et le rugby. Mais il ne faudrait pas confondre l'Église et les curés. Quand ce jeu d'origine anglaise fit son apparition en Aquitaine et en premier lieu à Bordeaux dans les années 1880, avant de se répandre dans tout le Sud-Ouest, les autorités ecclésiastiques virent la chose d'un très mauvais œil. L'écrivain Jean Lacouture, fou de rugby, raconte que, dans les années 1930, les jésuites de son collège bordelais interdisaient formellement à leurs élèves de pratiquer ce sport. Sans le dire ouvertement, le spectacle de ces corps de jeunes hommes entremêlés leur donnaient des boutons. Autant l'Église encourageait le football qui ne suscite pas de contacts troublants autres qu'un bon coup de pied dans les tibias, autant elle bannissait la pratique du ballon ovale, récupérée en revanche par l'école laïque, enchantée de nourrir ainsi son anticléricalisme.

Rien d'étonnant donc qu'à l'inverse de l'évêque de Dax, ravi d'inaugurer la chapelle, certains supérieurs de l'abbé Devert, loin de l'encenser, lui aient fait carrément la tronche quand il a sanctuarisé le sulfureux ballon. Le temps passant, ils ont fini par s'y habituer, comme au reste et, à un moment où les églises font plus le vide que le plein, ils doivent se dire qu'une chapelle perdue dans la campagne qui se récolte ses 10 000 visiteurs par an, ce n'est peut-être pas un don du Ciel mais que cela y ressemble.

***

Une seconde ! Nous n'en avons pas terminé avec les curés du sport.

Grâce à un orage, doublé d'une inspiration divine, les cyclistes ont eux aussi leur chapelle.

Un jour d'été 1958, l'abbé Massié, curé de Créon-d'Armagnac, devait conduire les enfants d'une colonie de vacances à une messe dans les environs. Une pluie intense l'obligea à se réfugier, à Géou, dans une petite chapelle désaffectée, à trois kilomètres de Labastide-d'Armagnac.

L'édifice roman, entouré de mosaïques gallo-romaines que l'on découvrait en écartant les fleurs des champs, ne manquait pas de charme et l'idée vint tout à coup à ce cycliste en soutane d'en faire le sanctuaire de la « petite reine ». Son vœu allait être exaucé au-delà de tout ce qu'il pouvait espérer. Le 18 mai 1959, Jean XXIII faisait, en effet, de Notre-Dame des cyclistes le « Sanctuaire national du cyclisme et cyclotourisme ». De Louison Bobet à Jacques Anquetil, d'André Darrigade à Raymond Poulidor, de Merckx à Hinault, d'innombrables champions ont déposé leur maillot dans la chapelle, en guise d'ex-voto, et aux murs sont accrochés des vélos « historiques », au pied desquels se sont recueillis des milliers et des milliers de cyclistes amateurs et professionnels, depuis l'inauguration de ce « Panthéon du vélo ».

Leur sainte patronne est représentée sous les traits d'une Vierge tenant contre son cœur un globe terrestre. Sur le socle, on peut lire : « Marie, reine du monde, protège la terre parcourue en tous sens par les cyclistes amoureux de la belle nature du Seigneur. »

Dommage que les Gascons ne soient pas fous de cochonnet. Il se trouverait forcément un abbé pour créer une « Notre-Dame de la pétanque ».

UN CASSOULET CLASSÉ X

On l'enfonce, une, deux, trois fois ou pas du tout ?

Le cassoulet, c'est comme l'accent de Toulouse, de Tarbes ou de Mont-de-Marsan, ça ne vous quitte pas. Au risque de le retrouver dans des lieux vraiment peu fréquentables.

Avant de vous conter ma petite histoire, je vous prie de ne pas me chercher des poux dans la tête. Qu'on ne me dise pas, par exemple, qu'un plat languedocien, puisque né à Castelnaudary, n'a rien à faire ici. Primo, le cassoulet n'est pas plus castelnaudarien que toulousain, puisque ce sont les Espagnols qui, même dans un état rudimentaire, nous l'ont lancé par-dessus les Pyrénées, après que Christophe Colomb eut fait une razzia sur les haricots des Indes occidentales. L'Italie y est également pour quelque chose : Catherine de Médicis apporta des *fagioli* dans sa corbeille de mariage. Secundo, si on ne peut plus être de mauvaise foi, il n'y a pas d'échange possible. Tertio, dans les Landes, il y a belle lurette qu'on l'a adopté. À l'époque d'Alexandre Dumas, dans les restaurants chics des Grands Boulevards, on vit même apparaître un cassoulet « périgordin », bourré de gros morceaux de truffes (ce qui était une belle ânerie).

Mais revenons à mon cassoulet à moi.

Lorsque M. Rousselet, créateur de Canal+, avec la bénédiction du président Mitterrand, eut la charitable idée de mettre un peu de sel dans les lits de la France profonde, il m'apparut qu'il était temps de parfaire mon éducation. Plutôt que d'attendre minuit, le samedi soir, qu'apparaisse sur le petit écran, en images floutées, une ménagerie bramant et feulant sur fond de papier à fleurs et de canapés-lits violines des dernières soldes, j'irai m'instruire en *direct live*.

J'étais sans doute le dernier Parisien à ne pas avoir mis les pieds dans ces nouvelles maisons de la culture où vendeurs de voitures d'occasion, artistes en confection du Sentier, sous-chefs de service à la Sécurité sociale et militaires à la retraite s'échangeaient non seulement des propos mais aussi leur femme.

On parlait beaucoup à l'époque d'un club du dernier chic, avantageusement situé au premier étage, juste au dessus des Caddie et des vigiles d'un centre commercial, dans les parages très huppés du quartier chinois de la place d'Italie. Le Cléopâtre (Cléo, pour les familiers) n'était pas ouvert à n'importe qui. Même les oies blanches devaient monter patte blanche. Au-dessus de la porte laquée noire, une caméra faisait un premier tri. Si la personne n'avait pas l'air convenable, on ne lui ouvrait pas. Et pas davantage, si elle avait l'air trop convenable. Sinon, la portière vous faisait entrer et vous demandait de qui vous vous recommandiez. On répondait, au choix, « Patrice », « Hubert », « Jean-Philippe », « Bernard-Henri » ou n'importe quoi d'autre et comme sur les quatre mille membres – c'est le cas ou jamais de le dire – du club Cléopâtre, il y en avait au moins un qui répondait à ce prénom, on était derechef convié à faire partie de l'élite cléopâtrienne.

Mobilier Napoléon III doré sur tranche, murs laqués, flambeaux, pastorales dans le genre XVIIIe, peintes à la main, nus et corbeilles fleuries : on se serait cru chez Régine.

À cette différence – minime – près, que sur la piste de danse, les jeunes filles semblaient avoir pris l'habitude de poser leur main sur la braguette de leur cavalier plutôt que sur leur épaule. À proximité, le propos se précisait dans une salle plongée dans la même demi-obscurité que les chapelles latérales de la chrétienté. Il y avait là un grand billard en chêne massif sur le tapis duquel une demi-douzaine de sportifs des deux sexes disputait une partie serrée. Un cercle de connaisseurs suivait l'épreuve avec le même air studieux qu'on lit sur les visages du jury à un championnat de glisse ou à une finale de patin. À en juger par la vaillance et les exclamations des joueurs, il ne faisait aucun doute, que tous étaient gagnants.

Si l'on préférait jouir d'un peu d'intimité, – à pas plus de quatre ou six – se trouvaient le long d'un couloir des réduits, fermés par un rideau flottant comme il s'en trouve dans les Photomaton.

Une fois le tour du propriétaire accompli et comme l'appétit me venait, je pris place dans la salle à manger qui s'ouvrait sur la piste de danse et où trônait une grande table couverte de desserts très appétissants.

Un coup d'œil sur la carte me confirma que l'adresse était bonne.

Une jeune femme en tailleur Chanel et rang de perles s'approcha de ma table : « Je me présente, je suis Marie-Annick, la propriétaire. Je vous ai reconnu, je suis abonnée à votre revue. Vous devriez goûter à mon foie gras, j'en suis très fière. » « Avec plaisir, répondis-je, mais soyez gentille, ne me présentez pas le chef et ne me faites pas visiter la chambre froide. » (Pendant trente ans de ma vie, à chaque fois qu'on me reconnaissait dans un restaurant, on se croyait obligé de m'expédier le chef qui arrivait, les mains serrées derrière le dos et je ne coupais pas à la visite des cuisines, du coin pâtisserie et de la chambre froide. J'avais donc quelques raisons, ce soir-là, de me protéger.)

« Ne craignez rien, répliqua-t-elle. Le chef, c'est moi. »

Le foie gras, la poularde de Bresse, le saladier d'œufs à la neige, ce fut de bout en bout un délicieux repas, sans effets inutiles comme on sait les éviter dans les bonnes maisons bourgeoises. J'en félicitai Marie-Annick et l'invitai à prendre le café à ma table. Après un préambule sur les mérites comparés des foies d'oie et de canard, du bourgueil et du chinon, du roederer et du pommery cuvée Louise, elle me dit tout à trac : « J'ai besoin de votre conseil. J'adore le cassoulet, comme ma maman le faisait, au pays, dans mon enfance. Elle y mettait de beaux haricots lingots, du confit d'oie, des couennes de porc avec un morceau d'épaule ou un jarret et de la vraie saucisse de Toulouse. Mais j'ai lu dans votre revue qu'on doit aussi y mettre du mouton. C'est vrai ça ? Je n'en ai jamais entendu parler. Alors, à votre avis ? »

« C'est un choix, rien de plus, lui répondis-je. Prosper Montagné tenait pour indispensable un carré de mouton et c'est vrai que le goût du jeune mouton des Pyrénées relève le plat d'une saveur plus marquée. Essayez donc et faites-vous votre opinion. Surtout, ne vous laissez pas impressionner par les diktats du genre "il faut, il ne faut pas". Depuis des lustres, Castelnaudary et Toulouse glapissent, chacun de leur côté, qu'il n'y a qu'un seul vrai cassoulet : le leur. Mouton, pas mouton... On en met à Carcassonne et il est très bon et, pour une fois d'accord, les Toulousains et les Castelnaudariens vous diront pourtant que ce n'est pas un "vrai" cassoulet.

C'est la même chose pour la croûte. On l'enfonce une, deux, trois fois ou pas du tout ? Il paraît que c'était deux fois pour le cassoulet des fêtes carillonnées et trois pour un mariage ou un enterrement ! Alors que cela vous mette à l'aise... »

À ce moment précis, j'aperçus sur la piste de danse une rousse flamboyante qui se mettait vraiment à l'aise. Elle avait fait jaillir de sa blouse dégrafée un sein superbe et allait sans doute nous présenter l'autre, tandis qu'une brune « piquante » soulevait sa jupe jusqu'à la taille, pour s'aérer, sans doute. Marie-Annick n'y prêtait évidemment aucune attention. La routine.

« Bien, dit Marie-Annick, je vais essayer le mouton. Mais tout de même, je me demande... »

« Que vous demandez-vous ? »

« À votre avis, le cassoulet, ici, ça irait ? »

N'étant pas retourné chez Marie-Annick, je n'ai jamais su si le cassoulet, avec ou sans mouton, que dans le Sud-Ouest on appelait, au temps jadis, « Dieu le père », avait fait son entrée au Cléopâtre. En revanche, deux ou trois ans plus tard, j'ai appris par la presse que la bonne dame du cassoulet avait été mise à l'ombre pendant quelques mois.

Je n'ai pas compris de quoi on la punissait. D'avoir raté son cassoulet, peut-être ?

Le cassoulet du magicien

Le secret du cassoulet est le four en pierre, où il mijote doucement et longtemps. Nous n'avons pas tous la chance d'avoir un four en pierre. Aussi, vais-je vous transmettre la recette dont me régalait Roger Lamazère, pur produit du Sud-Ouest et ancien magicien professionnel, dans son restaurant parisien de la rue des Martyrs. Lui non plus n'avait pas de four en pierre et, pourtant, le résultat était un délice.

Ce qui fait le cassoulet, ce sont d'abord les haricots (c'est pourquoi le cassoulet industriel avec sa pâte de fayots est à fuir) : des haricots blancs de Pamiers, de Mazère ou de Lavelanet, qu'on cuit, une première fois, jusqu'à ébullition de l'eau. Ensuite, on se débarrasse de cette eau et on fait un second bouillon avec de la couenne fraîche, quelques carottes, un oignon piqué d'un clou de girofle, une tête d'ail, bouquet garni, sel et poivre. Lorsque les haricots sont cuits, on incorpore les confits, les saucisses de Toulouse, l'échine ou le travers de porc, le carré de mouton si on y tient, et la graisse d'oie, ainsi qu'une tomate pelée. On laisse frissonner pendant près de quatre heures. Il faut que le jus soit onctueux, crémeux. On verse alors le tout dans une terrine (ou casserole) de terre, du genre de celle qu'on fabrique depuis des temps immémoriaux à Issel, aux portes de Castelnaudary. Enfin, on passe au four à gratiner et surtout, sans chapelure : c'est la densité et la qualité du jus qui font le gratin. Dans *Histoire comique*, Anatole France a immortalisé le cassoulet de Clémence qui, « montée » à Paris, avait ouvert un bouchon dans la rue Vavin. Ce légendaire cassoulet a cuit pendant vingt ans sur un feu qui ne s'arrêtait jamais. C'était le rite de la « marmite perpétuelle », vénérée par des générations de gastronomes et que l'on remplissait au fur et à mesure des besoins, le fond restant toujours le même. Poétique mais redoutable, cette manière de transformer une marmite en concession à perpétuité !

MINOU, MINETTE ET PÉPETTE

« Ô pécaille, ça y sent bon la truffe »

« L'odeur ? Quelle odeur ? Il n'y a pas d'odeur. »

À peine ai-je poussé la porte qu'un parfum, débordant comme une lame de fond, me submerge, me pénètre, m'envahit, s'accroche à ma peau et à mes vêtements. Jacques Pebeyre, qui me fait les honneurs de sa maison à Cahors, est très sincèrement surpris par ma question. J'ai l'impression d'être tombé pieds joints dans une gigantesque salade de truffes mais, lui, non... pas du tout, il ne sent rien de particulier.

Il y a sous nos pieds, au rez-de-chaussée, une grosse tonne de « diamants noirs », amoncelée dans des paniers ou étalée sur de grandes tables, entre les sertisseuses, les brosseuses, les poinçonneuses et les balances de l'atelier, où en cette aube des années 1980, se retrouve le fin du fin du champignon miraculeux. De petits paniers en lamelles de châtaignier tressées portent des étiquettes au nom des grands maréchaux de l'Empire : Girardet, Troisgros, Savoy, Guérard, Senderens...

Né les pieds dans la truffe, Jacques Pebeyre a vécu toute sa vie dans ce jardin noir et vous pensez bien que ces senteurs qui me font chavirer n'ont pas plus d'effet sur lui que sur son vieux papa. Superbe vieillard à la moustache blanche et au regard de faïence bleue sous le béret basque, Alain Pebeyre se souvient du bon vieux temps, quand, au début de l'hiver, on expédiait des centaines de caisses par le chemin de fer et que les narines des employés des gares de Cahors et de Sarlat se trouvaient dans un tel état d'excitation que la natalité ferroviaire grimpait en flèche. « Une légende..., me glisse à l'oreille, en riant, sa jeune et malicieuse belle-fille. La truffe a de bons effets sur les messieurs, mais à condition qu'ils en mangent avec une jeunesse très mignonne et que le champagne coule plus qu'à l'ordinaire. »

Papa Pebeyre n'en démord pas : la truffe rend les hommes plus aimables et les femmes plus tendres. Ses sels minéraux « remettent en jambe ». Il faut dire qu'il appartient à la préhistoire, celle d'avant la dernière guerre, quand le matin, il pouvait se négocier quatre tonnes au marché de Cahors et quatre tonnes l'après-midi : « Pensez donc, en ce temps-là, un "rabassier", qui avait du nez, pouvait se faire construire une belle maison avec tout le confort, en deux années de récolte. » À présent, la truffe s'évanouit à vue d'œil, encore plus vite même que la population du Lot (450 000 au début du siècle, 150 000 aujourd'hui) : « 2 000 tonnes en 1900, 240 en 1945 et à peine 80 aujourd'hui, ô pécaille ! alors que le marché en réclame quatre fois plus[1]. »

Jacques, le fils du patriarche, est trop honnête pour cacher la réalité : sur dix truffes qu'il traite dans son atelier, là, sous nos pieds, il y en a quatre ou cinq qui arrivent d'Espagne. Rigoureusement semblables aux nôtres, elles portent en toute légalité l'appellation « Périgord », laquelle désigne l'espèce *Tuber melanosporum* – la seule qui mérite le respect – mais qui n'a plus grand sens puisque déjà, en ce début des années 1980, les truffières du Quercy sont remplacées par celles du Périgord, qui le seront, plus tard, à leur tour, par celles de la Drôme, du Vaucluse, des Basses-Alpes et du Haut-Var.

Mais le mieux est encore d'aller se rendre compte sur place. J'ai rendez-vous demain matin, sur le causse, avec Minou et Minette. Eux aussi appartiennent à un passé qui s'éloigne.

Mme Alaux, sèche comme un fagot et vive comme une truite, sous son béret tricoté, est une des dernières survivantes de la vieille école. Sur le méchant tapis de cailloux où, entre les chênes rabougris dont la dégaine misérable serre le cœur[2], elle nous attend, avec, qui frétille au bout d'une corde attachée à son gros collier, un

1. Au début du XXIe siècle, une récolte de 40 tonnes, dont 8 ou 10 pour le Quercy, signe une année extraordinaire.
2. Comme beaucoup, à cette époque, j'étais persuadé que la truffe, reine des sols pauvres, détestait les terrains labourés. Or, c'est tout le contraire : on a plus de chances d'en trouver dans un terrain « aéré » que dans le même qui crie misère.

beau petit bonhomme tout rose à l'œil malin. Comme beaucoup de cochons truffiers, il s'appelle Minou. La Minette n'est pas bien loin, elle aussi au bout de sa corde, à laquelle s'agrippe un gars en pantalon et veste de velours tabac, casquette à visière, gros souliers ferrés, qui tète du coin des lèvres, sa gitane papier maïs. D'une main, la Minette et de l'autre, un petit piolet à manche court – le « cavadou » – qui remonte la truffe en surface. La truie, il n'y a pas meilleur : il paraît qu'elle a deux fois plus d'odorat que ces petits balourds de cochons qui, pourtant, ne se débrouillent pas si mal.

Le Minou part d'un côté, la Minette de l'autre. « Ça y sent partout, lâche Mme Alaux, mais faut localiser. » Minou est d'accord et se met à galoper comme un dératé avant de piler net au pied d'un bouquet de chênes, où le sol est comme brûlé. Ô pécaille, c'est bon ça ! Minou y va de son groin à une vitesse éclair. En même pas dix secondes, il a fait un beau trou d'au moins quinze centimètres de profondeur. Heureusement que Mme Alaux a la main vive, plus vive encore que le groin de Minou qui se fait chiper la petite boule ronde et noire dans sa croûte de terre, dont il se régalait à l'avance. « Ce n'est pas juste, se plaint-on dans les salons cochons. Nous nous décarcassons comme de beaux diables et au dernier moment, hop, on nous pique ce que nous aimons le plus au monde. Nos cousins, les sangliers, sont autrement veinards. Ils avalent un bon quart de la récolte annuelle et personne ne leur dit rien. Heureusement qu'il y en a parmi nous qui sont plus rapides que le rabassier. Ça nous venge de ces profiteurs qui, pour tout remerciement, nous font une caresse sur la tête et croient s'en tirer avec une poignée de maïs. »

Un jour prochain, leur triste sort sera encore plus douloureux : il n'y aura même plus de caresse ni de maïs. Le progrès en a décidé ainsi : l'avenir du cochon est dans le jambon et plus dans la truffe [1]. Sur le causse, depuis quelque temps, on aperçoit de plus en plus de chiens qui grattent comme des fous et des maîtres qui jouent les gendarmes sur la piste d'une livraison de cocaïne : « Doucement, Filou, doucement... répètent-ils sans se lasser. Tranquille, tranquille... Oui, c'est ça... Là, là... Voilà ! Ô nom de Dieu, elle est belle ! Bon chien, bon chien... »

Minou a passé le relais à Filou, lequel a droit – et même intérêt – à ressembler à n'importe quoi. En effet, moins le chien a des chances de participer à un concours de beauté, plus il en a de faire un très bon truffier. C'est la revanche du corniaud sur la vedette du *dog contest.*

Quand on s'aperçut que le cochon, dont, génération après génération, il y avait au moins un exemplaire dans les plus pauvres des fermes quercynoises, commençait à se faire rare, faute de rentabilité, quelqu'un eut l'idée de dresser des chiens. On comprit vite que cela marche très bien : on peut faire trouver n'importe quoi à un chien, il suffit de l'éduquer. La truffe n'intéresse pas plus un Filou que la coke ne passionne un berger allemand. Il la cherche comme un dératé pour deux raisons. Parce qu'il sait qu'il y aura un bout de viande ou un biscuit à la clé et, plus encore, parce qu'il adore faire plaisir à son maître. Il

1. Heureusement, il resterait encore aujourd'hui dans le Quercy une cinquantaine de caveurs fidèles au cochon.

suffit donc de lui faire renifler un morceau de truffe, de sortir ensuite la récompense de sa poche, de recommencer dix fois, cent fois et, à moins qu'il ne s'en fiche totalement ou soit parfaitement abruti, il a toutes les chances d'être déclaré « bon pour le service ».

Minou adore, lui aussi, la chasse à la truffe mais c'est pour se servir en premier. Autre handicap : Minou est beaucoup moins rapide que Filou et tire tellement fort sur les bras du rabassier ou de la rabassière que je me demande comment un vieux bout de fil de fer comme Mme Alaux ne se retrouve pas aux urgences après une équipée pareille.

Depuis une heure, nous fouillons le causse quand un fermier voisin débarque avec une chose à quatre pattes qui résume tous les bonheurs d'une hérédité vagabonde. Vous mixez un basset évasif, poilu comme un bouc, avec une sorte de labrit des Pyrénées né d'une passe entre un fox à tête de caniche et une chihuahua d'origine certifiée, vous secouez le tout énergiquement et vous obtenez cette sympathique Pépette dont une oreille est jaune, l'autre noire, un œil marron et l'autre bleu.

Une compétition olympique est prête à s'engager.

Au bout d'une demi-heure, je suis sur les genoux, courant de Minou à Minette et de Minette à Pépette. À force de voir ce petit monde coller son nez au sol et gratter, gratter, je me demande si je ne devrais pas essayer à mon tour. Pourquoi ne serais-je pas né truffier moi aussi ? Jacques Pebeyre à qui je m'ouvre de cette palpitante hypothèse me répond : « Il n'y aurait pas de mal à cela. Essayez donc avec la mouche, ça vous coûtera moins cher qu'un chien[1]. »

Le cavage à la mouche, que quelques vieux paysans du causse pratiquaient encore, ne demandait, en vérité, pas plus de don et de talent que la pêche au saumon dans un gave où il s'en pêche trois par an, ou que la chasse à la bécassine qui vole de travers à vous en faire loucher. « La mouche, me précisa Jacques Pebeyre que j'écoutais avec une studieuse attention, a un odorat infaillible. Quand elle tourne au-dessus d'un endroit bien précis, s'y attarde et enfin se pose, vous n'avez qu'à marquer le sol du bout de votre baguette, gratter un bon coup et vous ne serez jamais déçu : la *Tuber melanosporum* est bel et bien là. »

Le tout est de trouver la mouche. Pas n'importe laquelle. Celle qui vous intéresse, l'*Helomyza tuberivora* dépose ses œufs à l'aplomb des truffes. Elle est de couleur vert bronze, ne mesure pas plus d'un centimètre et est recouverte de poils très drus. Des poils parfaitement visibles avec une très grosse loupe...

Pour peu qu'on ne soit pas un paysan du causse, la découverte de la bonne mouche, parmi toutes les autres qui ne sont là que pour vous faire perdre votre temps, demande tout au plus un entraînement de quelques heures par jour pendant plusieurs semaines, voire plusieurs mois. Si au bout de quelques années, vous n'y arrivez toujours pas, c'est simple, vous n'avez qu'à acheter un chien.

---

1. Dans ces années-là, un chien truffier, bien dressé, valait environ 1 000 francs. En 2005, on devra débourser dans les 3 000 euros.

Quand la chasse prit fin, les propriétaires respectifs de Minou, de Minette et de Pépette (Pebeyre avait tout organisé, à l'avance) se retrouvèrent autour d'une table et d'une bouteille. Leur honneur était en jeu et leur mauvaise foi au sommet.

« Le chien est tellement plus rapide, dit l'un et, au moins, il ne les bouffe pas, les truffes. » « Ça se peut bien, répond l'autre, mais il se plante plus souvent qu'à son tour. » Et le débat reprend de plus belle : « Le cochon, c'est esquintant, on s'en colle plein les bras... » « Attends voir. La truie, ça travaille plus finement que le cochon... » « Peut-être bien, mais ça fatigue plus vite, personne dira le contraire. »

Pour en finir avec cette noble joute qui pourrait nous tenir là pendant encore un ou deux siècles, Pebeyre a la bonne idée : « Si vous nous montriez un peu ce qu'il y a dans les paniers. » Chacun s'exécute. Un coup d'œil de Pebeyre qui n'a pas besoin de la petite balance Roberval pour se faire une idée et la cause est entendue : il y a match nul.

Nul, c'est une façon de parler. Minou, Minette et Pépette ont cavé chacun leur demi-kilo.

« Alors, me demandera Pebeyre, après avoir quitté notre joyeux trio, vous êtes chien ou cochon ? »

« Je vous réponds sans hésiter : cochon. L'idée qu'il peut se taper autant de truffes que le client de Fauchon qui la paie au prix de l'or, me réjouit infiniment. »

La truffe dans tous ses états

« Comment aimez-vous la truffe ? »

Si on me pose la question, je réponds comme ce médecin périgourdin chez qui on ne la servait que par soupières entières : « En quantité. » (Je signale à tout hasard avoir vu chez Roger Lamazère une truffe qui pesait 3 kg et que la plus grosse jamais récoltée en Périgord pesait 10,5 kg !)

C'est avec la truffe noire que les grands cuisiniers font leurs gammes. Utilisée comme légume ou comme condiment, elle s'est prêtée de tous temps aux variations les plus savantes. Au champagne à la serviette, chez le célèbre chef du Grand Siècle, Beauvilliers, en charlotte de pois gourmands, chez Girardet, en galette, chez Robuchon, à la vapeur de sauternes, chez Troisgros, au céleri-rave chez Loiseau, aux navets chez Amat, en bäckeofe sous son couvercle de pâte brisée chez Haeberlin, en mille-feuille chez Trama, à l'huître chaude chez Le Coze, en beignet de pomme de terre chez Blanc... la liste est sans fin.

Si vous voulez mon opinion, laissons donc faire les artistes et mangeons-la au plus près du naturel, comme ceux qui la ramassent.

Quoi de meilleur qu'une très classique brouillade d'œufs aux truffes ou, plus simple encore, le « tastou » des fermes quercynoises ?

Sur du pain de campagne aillé et enduit d'une fine couche de graisse d'oie, vous déposez la truffe râpée ou en lamelles, passez à four chaud rapidement, un tour de moulin à poivre, vous croquez et dites : « Merci, petit Jésus. »

À la croque-au-sel, comme pour des radis, c'est également un délice. Alain Chapel compliquait un peu les choses mais c'était si bon ! Il passait de grosses rouelles de truffe dans l'huile d'olive chaude, laissait chauffer à couvert et à tout petit feu, pochait des œufs pendant 3 min 30, les vidait dans l'assiette et posait au-dessus les truffes, avec gros sel et ciboulette.

Lucien Vanel assurait, lui, que pour la goûter dans la plénitude de son parfum et de son goût, il n'y avait pas meilleur que la truffe en croûte de sel. Pas compliqué à réaliser, d'ailleurs : pour 6 cassolettes, on mélange 500 g de gros sel avec 2 blancs d'œufs, on tapisse d'une couche de gros sel de 1 cm d'épaisseur le fond des cassolettes en porcelaine à feu (8 cm de diamètre), on barde chaque truffe d'un fine tranche de lard gras, on la pose dans la cassolette et on la recouvre de sel avant de la laisser pendant 20 min dans un four à 150 °. On la déguste brûlante avec du pain de campagne à peine grillé. Comme le disait Vanel :

« Pourquoi c'est si bon ? Parce que c'est plein de mystère. »

En m'inspirant de Guérard et de Faugeron, je fais mon bonheur, dans une version simplifiée, de l'œuf coque à la purée de truffe.

Au mixer, on obtient une purée très fine. Dans une casserole, on réduit le jus de truffe, mouillé d'une petite cuillère de madère, on y incorpore la purée, on laisse 2 à 3 min à feu doux. On cuit les œufs 3 min. à l'eau bouillante salée, on coupe le haut de la coquille, on retire le peu de blanc qui n'est pas cuit et on remplit avec la purée de truffe, à laquelle on vient d'incorporer sur le feu un peu de beurre.

HOLLYWOOD-SUR-GIRONDE

Un nom inscrit au fronton glorieux du Nanarland

Je m'aperçois que je ne vous ai pas encore parlé d'une de mes passions : le navet. Je ne suis pas fou de chocolat Lanvin, mais de navet, oui.

Le nanar, la panne, la panouille, le supplice à vous faire sauter par la fenêtre... En un mot, l'œuvre cinématographique de Monsieur Couzinet. Non, je ne me trompe pas de livre. Entre le confit et l'armagnac, il a tout à fait sa place dans celui-ci.

Il est la gloire de l'Aquitaine, l'Ed Wood français, l'étalon d'or du navet, le visionnaire, le bâtisseur d'« Hollywood-sur-Gironde ». Un docu (nullement cul-cul, d'ailleurs) lui a été consacré récemment sur France 3. Beau comme de l'antique. Je l'ai enregistré et les nuits de vague à l'âme, je me le repasse et retourne me coucher, apaisé, la joie au cœur. Précisons : je donnerais tout Godard, tout Duras, la moitié de Resnay, un quart de Bergman, avec en prime

Bernard-Henri Lévy (un seul film à son actif, si l'on peut dire) pour *Le Club des fadas*, *Mon curé, champion du régiment*, ou *Trois jours de bringue à Paris*.

On aurait tort de s'inquiéter : je ne suis pas un cas désespéré. Je peux citer au moins deux ou trois individus de qualité, comme Philippe Labro, Claude Villers ou le critique François Forestier dont Monsieur Couzinet est également l'idole.

Certes, Monsieur Couzinet n'est pas le seul à resplendir de tous ses feux du haut de l'Olympe de la franchouillardise, degré zéro.

Il est des œuvres également admirables, à inscrire au fronton du Nanarland, qui précédèrent ou suivirent la sienne et dont on ne peut répéter les noms sans émotion : *Cœur-sur-Mer*, de Jacques-Daniel Norman, un vrai bijou, d'après l'inoubliable *Feysse-sur-Mer* de Marcel Grancher ; *Les Surprises d'une nuit de noces*, de Jean Vallé ; *Mon curé chez les Thaïlandaises* de Robert Thomas, dont le *Mon curé chez les nudistes* nous est également cher ; *Houla, Houla* de Robert Darène ; *Blanc comme neige* de Jean Choux ; *Que mambo !*, avec la participation prestigieuse de Dario Moreno ; *Pas de week-end pour notre amour*, brodé par Pierre Montazel sur le pourpoint de l'immense Luis Mariano ; *Et moi, j'te dis qu'elle t'a fait de l'œil* de Maurice Gleize... Sans oublier, bien sûr, l'intégrale de Max Pécas, autre géant de la daube « à la française », dont on ne se lassera pas de citer quelques uns des chefs-d'œuvre : *De quoi tu te mêles, Daniela ?* ; *Embraie, bidasse, ça ferme* ; *Banane mécanique* ; ou encore *On se calme et on boit frais à Saint-Tropez*.

Pour se laver l'œil, rien de tel qu'un petit tour dans Sarlat, l'une de ces innombrables bourgades, miraculeusement préservées, du Périgord-Quercy. © *Francis Lasfargue*

Avec la loi de 1905 sur la séparation de l'Église et de l'État, de nombreux prêtres du Sud-Ouest durent s'improviser commercants ou artisans afin d'assurer leur pain quotidien. De tous, ce fut sans doute l'abbé Noé Chabot qui décrocha la timbale (à droite).

Le Roi Vin-Blanc
Si place et pain te manquent chez Jésus.
Entre chez moi, m'a dit le bon Bacchus !...
Blanchir l'âme est difficile besogne.
Bacchus aime bien mieux rougir la trogne.
Abbé Noé CHABOT.
(Périgueux)
MONBAZILLAC
LE VIN QUAND BON
ON L'ACHÈTE BON ON
LE BOIT
"MONBAZILLAC" LA BARRIQUE 150f
VIN ROUGE (de Côte) 60f

Prunier-Traktir, à Paris : le temple du caviar 100 % francais. © *Archives Prunier SAS*

« Badu », le copain de Michel Guérard : une main de sorcier pour des pêches toujours miraculeuses. © *Collection C. Millau*

Un esturgeon femelle de 70 kilos dont 8 kilos de caviar, dans les années 50 en Gironde. © *Collection R. Val / Éditions Bonne Anse*

Quand, de ferme en ferme, on promenait l'alambic et fabriquait le tonneau où, comme par magie, une imbuvable piquette allait se transformer en un somptueux armagnac. © *Francis Lasfargue*

© *Francis Lasfargue*

Quand l'homme, vêtu de l'épaisse peau d'un de ses moutons, galopait sur ses jambes en bois à travers la lande, la mémé attendait son retour dans la tiédeur de la grande cheminée (à droite).

Le vrai d'Artagnan, même si ses Mémoires étaient apocryphes, a bel et bien existé, mais c'est le faux, celui d'Alexandre Dumas, qui a eut droit a l'immortalité. © *Harlingue-Viollet*

Oui, nous sommes là, indiscutablement, à la hauteur des cimes.

Mais, franchement, Monsieur Couzinet a dominé ce lot choisi de réalisateurs.

Sa vie entière en témoigne.

Né en 1896 à Bourg-sur-Gironde, il exerça, au lendemain de la Grande Guerre, le métier de projectionniste ambulant, jusque dans les villages les plus reculés de l'Aquitaine. Peu à peu, il sentit monter en lui la force irrésistible d'un grand destin. Le cinéma l'appelait : il irait à lui. C'en était décidé : il inscrirait son nom au firmament des étoiles. Justement, à propos de nom, il comprit qu'il lui fallait frapper un grand coup. S'il voulait rejoindre la grande lignée des nababs de Hollywood et faire bonne figure aux côtés des Cecil B. De Mille, Alexander Korda, Eric von Stroheim ou Josef von Sternberg, il devait, comme eux et sans plus tarder, prendre un pseudonyme.

Son nom était Robert Couzinet.

Désormais, il s'appellerait Émile Couzinet.

Cela donne une idée de la dimension du personnage.

Alors, put s'engager une ascension qui allait s'avérer foudroyante. Dès 1920, il avait fondé une société de distribution, Burgus Films, en hommage à sa ville natale, Bourg. Très vite, il avait commencé à tisser un réseau de salles à travers cette région qu'il connaissait dans ses moindres recoins, tant et si bien qu'au début des années 1950, il sera à la tête d'un empire d'une quinzaine de salles. Il avait, en même temps, révolutionné l'art cinématographique par une innovation aussi capitale que l'invention du travelling ou du plan américain : la vente à l'entracte des pochettes-surprises et crèmes glacées.

Mais revenons en 1937. Émile Couzinet, devenu directeur du casino municipal de Royan, « la perle de la Côte de Beauté », convainc le maire et le député de construire de vastes hangars, près de la gare. La production cinématographique française est en ébullition. Paris a ses studios à Billancourt, aux Buttes-Chaumont, à Joinville ; Nice possède La Victorine et Nicéa ; tandis qu'à Marseille, Marcel Pagnol a son propre instrument de production. C'est au tour de Royan d'entrer dans la danse. Royan, que, dès le jour de l'inauguration de ses studios, la presse régionale baptise « le Los Angeles du littoral ». La comparaison est sans doute un brin hardie mais, avec leurs cinq plateaux, leur éclairage de 1 500 ampères et leur piscine, « Les Studios de Royan-Côte de Beauté » (Couzinet tient beaucoup au pluriel) n'ont rien de ridicule. Il y tourne, en 1938, sa première œuvre, *Le Club des fadas*, « comédie comique et burlesque » qui réunit une pléiade de vedettes, dont les noms, près de soixante-dix ans plus tard, vous sont certainement familiers : Toinon, Dumiel, Cléo d'Arcueil, Nina Vrès, Alida Rouffe, Zita Fiore et j'en passe, tant ma mauvaise foi est grande de ne pas citer Charpin et Robert Vattier qui figuraient en tête de la distribution.

En effet, si, tout au long de sa carrière, Couzinet ne convaincra pas les plus grands, tels que Raimu, Fernandel, Charles Vanel, Pierre Fresnay, Michèle Morgan ou Danielle Darrieux, à honorer de leur présence ses vingt-deux chefs-d'œuvre, du moins s'assurera-t-il la collaboration régulière de seconds rôles parmi les plus brillants, tels que Jean Tissier, Pierre Larquey, le bon gros père Gabriello, Raymond Cordy, Lucien Baroux, Duvallés (l'inégalable spécialiste de la gaudriole en soutane) et, à un cran au-dessus, Louis Seigner, Daniel Sorano, Michel Vitold, Le Vigan, Robert Lamoureux, débutant, Jean Carmet, qui fera une entrée remarquée jusqu'à Mimizan et Vieux-Boucau-les-Bains, dans l'étourdissant *Mon curé, champion du régiment*, Jean Chevrier dont les biceps et les mollets d'acier régaleront plus tard les spectatrices de *Britannicus* à la Comédie-Française, sans parler du très expressif chien Rin-Tin-Tin, qui agitera la queue dans *Andorra ou les hommes d'airain*, une œuvre forte dont le haut niveau de moralité emballera la maréchale Pétain, qui se fendra d'une lettre de félicitations.

Côté dames, Jeanne Fusier-Gir, dont pourtant Sacha Guitry ne pouvait se passer, sera une fidèle de Couzinet (nul n'a oublié sa prestation dans le très émouvant *Quand te tues-tu ?*) et ce ne sera pas la moindre des surprises de voir au générique de *Quai des illusions*, dernière œuvre de Couzinet, Gaby Morlay, qui avait fait pleurer la France avec *Le Voile bleu* et se tordre de rire avec *Le Roi*. Il faut dire que, fort de ses succès (pas un bide, en vingt ans mais des salles perpétuellement prises d'assaut), Émile Couzinet payait grassement son petit monde qu'il choyait, couvrait de fleurs et faisait profiter des merveilles de sa cave, riche en premiers grands crus de Bordeaux.

Son cœur d'or ne l'empêchait pas d'avoir une grande gueule et de tenir d'une poigne d'acier ce même petit monde.

Au four, au moulin et au comptoir, il s'occupait de tout. Un génie protéiforme. Avant de passer à la réalisation, il avait dessiné lui-même les plans de plusieurs de ses salles de cinéma et, à présent aux commandes de ses studios, il en était le Maître Jacques. Dès son premier film, *Le Club des fadas*, il donne la mesure de ses dons. Clouant au poteau Chaplin et Guitry, il produit, écrit le scénario et les dialogues, met en scène, supervise la décoration, compose la musique et les paroles de *La Chanson des fadas*, distribue, exploite et assure le lancement publicitaire pour lequel il ne manque pas d'idées. Les affiches porteront systématiquement la mention « Réalisé aux studios de Royan » ou « Tourné dans la région de Royan », histoire de flatter les clochers. Plus fort encore, il lancera le slogan « On y rit, on ira », qui sera pour le public ce que « Premier Grand Cru » est à l'amateur de bordeaux.

Émile Couzinet ne tira jamais, pour autant, la couverture à lui. Lorsque sortit *Trois jours de bringue à Paris*, inspiré de *La Cagnotte* de Labiche, il ne manqua pas de préciser, loyalement, au générique : « Eugène Labiche et Émile Couzinet ». Il aimait aussi à rendre service. Ainsi, ayant engagé pour un tournage un jeune inconnu nommé Sergio Leone et l'avoir observé pendant deux, trois jours, il le prit à part et, comme un père à son fils, lui dit : « Mon petit, tu m'es très sympathique mais tu perds ton temps. Tu n'es pas fait pour cela, tu n'as aucun avenir dans le cinéma. »

Un jour, le grand Jean Renoir lui rendit visite dans ses studios. Pendant une bonne heure, Couzinet expliqua, le plus gentiment du monde, à l'auteur de *La Grande Illusion,* le métier de réalisateur.

Après le bombardement de Royan, en 1945, les studios avaient déménagé pour s'installer aux portes de Bordeaux, où ni l'espace ni les moyens techniques les plus performants ne manquaient. C'est ainsi qu'avec « Les Studios de la Côte d'Argent » naquit le très flamboyant « Holllywood-sur-Gironde », où s'enchaînèrent, jusqu'à la mort, en 1964, du Howard Hugues « à la française », des œuvres encore présentes dans toutes les mémoires : *Trois marins dans un couvent*, *Trois vieilles filles en folie*, *Le Congrès des belles-mères*, *Ce coquin d'Anatole* et bien d'autres.

Contrairement à des œuvres qui n'ont pas d'âge, celle d'Émile Couzinet restera comme le reflet unique et privilégié d'un « modèle français », bien de chez nous, des années 1940-1950.

Aussi, la création, en 2000, du « Prix Émile Couzinet du navet français », fut le juste hommage rendu par la critique cinématographique, à un maître dont la succession, grâce à Dieu, n'est pas près de s'éteindre.

UNE LANDAISE À PARIS

« Des ortolans, j'en ai pas,
puisque les gendarmes en ont pas trouvé »

Madame Ivana Trump – profession : divorcée – ne se déplace jamais sans son yacht et son coiffeur. Pour madame Georgette Descat – profession : cuisinière landaise –, c'était « jamais sans mon boudin ».

Quand elle s'en était allée, avec son fils Jean-Pierre, visiter le grand canyon du Colorado, elle s'en était fait un chapelet, bien arrimé autour de la taille, et avait bourré ses valises de bocaux de confits, de foies gras et de truffes. Son kit de survie.

Laissez-moi d'abord vous la présenter.

Très soucieuse de son aspect, elle se parfumait au Jicky de Guerlain et se faisait manucurer avant de préparer ses foies de canard. J'imagine qu'elle se trempait les doigts, qu'elle avait d'un beau jaune cuivré, dans un bol de nicotine. De même, c'était la fumée de ses cigarettes à répétition qui, s'échappant du haut de son crâne, entretenait la couleur de sa chevelure à la

Jeanne d'Arc qu'elle avait soin de couper très court, avec une tondeuse à gazon. La nature lui avait composé un visage de boxeur au nez épaté mais, pour se faire pardonner, lui avait offert un cœur gros comme ça, une joie de vivre d'enfer, une vaillance à toute épreuve et un humour pétaradant. Un jour où je lui disais : « Georgette, vous qui êtes si coquette et maintenant que vous en avez les moyens, vous devriez vous offrir un beau manteau de fourrure », elle me répondit : « Ah, ça non, les fourrures sont complètement démodées. Il n'y a plus que les animaux qui en portent. »

Je ne sais qui, de la nature ou de sa maman, lui avait donné tous les talents dont peuvent rêver les hôtes d'une cuisinière landaise ; en tout cas, je lui dois une bonne part de mes souvenirs de table et de mes fous rire.

Avant de monter à la capitale, elle vendait du poisson à la criée de Mimizan mais déjà, on venait la chercher, de-ci de-là, pour préparer un repas de fête ou un festin de noces car on était sûr, avec elle, de se régaler. Quand j'ai fait sa connaissance à Paris, elle venait de débarquer au Restaurant du Marché, rue de Dantzig, tirée de son banc de poissons par un ancien fils de famille du Sud-Ouest et fin gourmet, qui n'aimait rien tant que de s'attabler dans un coin de sa salle, comparer divers millésimes d'armagnacs et regarder son petit monde travailler autour de lui. Une fière idée qu'il avait eue de mettre la main sur Georgette qui allait bientôt devenir la cuisinière landaise la plus populaire de Paris.

Notre amitié naquit autour d'un magret. Celui qu'elle me servit était excellent mais je m'aventurai à lui dire qu'il aurait été encore meilleur, plus tendre, plus moelleux, plus savoureux, cuit en cocotte plutôt que sur le gril, comme c'était l'usage. Au lieu de poser un regard apitoyé sur un client qui se mêlait de ce qui ne le regardait pas, elle me répondit : « Je crois bien que vous avez raison. Je vais essayer et vous le ferai savoir. »

Quelques jours plus tard, je revins. Sur la carte, elle avait accolé mon nom au magret de canard, nouvelle version : « Magret Millau ». Peu emballé à l'idée qu'on allait se payer ma tête dans le landerneau de la critique gastronomique, je lui demandai si c'était vraiment nécessaire, bien que, lui dis-je, cet honneur me flattait autant que si j'avais découvert mon patronyme sous la voûte de l'Arc de triomphe. Lorsque, prenant très vite sa liberté, elle s'installa à son compte dans le XIVe arrondissement, je ne laissai guère passer de semaine, sans un repas à Lous Landés. Un public hétéroclite de bons becs et fins museaux des beaux quartiers, de viticulteurs du Bordelais en tournée de clientèle, de Gascons de Paris, venus soigner leur mélancolie à coups de compresses à la graisse d'oie et de gargarismes à l'armagnac, de Landais débarqués la veille dans la capitale et déjà affolés par son tohu-bohu, et de loustics de chez Castel, prit vite d'assaut la vingtaine de tables. Les privilégiés, ayant bonne mentalité, avaient la faveur d'accéder au réduit, confiné au bout de la salle, dont je fis, moi aussi, mon paradis terrestre.

Pas de meubles en Plexiglas, pas de panneaux en acier brossé, pas de zénitude réflexive antistress, pas de rusticité glamour, ni de tradition revisitée, ni de serveurs formés par un danseur de Maurice Béjart pour apprendre à évoluer gracieusement[1]. Plutôt une installation – dirait-on aujourd'hui – à la landaise, à mi-chemin entre la loge de concierge et la salle à manger du chasseur de palombes, du côté de Lencouacq ou de Cougnala. Un buffet Henri quelque chose, de la dentelle et du macramé, des photos jaunies de pépés et de mémés, le sourire d'un cochon-tirelire, un cerf en tapisserie bramant sous la lune, deux ou trois Gallé ayant beaucoup roulé et, au milieu de tout ce bonheur, une table de campagne, joliment dressée, où l'on pouvait tenir à huit, en levant abondamment le coude, à l'abri, Dieu nous garde, de la *World Food* qui s'abattra plus tard sur nous autres, pauvres innocents. À Lous Landés, en fait de *Fusion Food*, on ne connaissait que l'effusion des estomacs et des cœurs, au rythme des cous d'oie, du jambon de ferme, de la garbure fumante, des soupières de cèpes et des tourtières. Ah, la tourtière ! Faute de place et de temps, Georgette avait renoncé à en préparer elle-même et comme elle n'en trouvait pas de digne de ce nom sur le marché, elle n'en avait pas mis à sa carte. « Une honte ! lui dis-je un soir de liesse. Un restaurant landais sans tourtière, c'est comme... c'est comme... Enfin, vous voyez ce que je veux dire. »

Quelque temps plus tard, Georgette, triomphante, m'annonça : « Ça y est, j'en ai trouvé ! » Elle était en

1. Je ne plaisante pas : je viens de lire que le « meilleur cuisinier de New York », Thomas Keller (il y en a un nouveau chaque année), a fait appel à un danseur de l'American Ballet Theater pour former le personnel. On n'est plus au restaurant mais sur *Le Lac des cygnes*, à l'heure de la becquée.

effet délicieuse et conforme, cette tourtière SNCF. Je l'avais ainsi baptisée dans un article, après que Georgette m'eut conté son odyssée.

Elle avait fini par dénicher, dans un trou perdu des Landes, une brave dame qui savait s'y prendre, « comme au temps jadis » et voulait bien lui en expédier à Paris. Oui, mais comment ? Il n'y avait pas encore de Sernam et l'envoi aurait été risqué. Il n'y avait qu'une solution : le chemin de fer. L'ennui était que le train pour Paris ne s'arrêtait pas à la station, minuscule, proche de chez la dame. Grâce à une mobilisation active, non pas des syndicats, mais des bonnes gens du coin, un marché fut conclu. Le rapide s'arrêterait deux secondes, juste le temps de confier le paquet au chauffeur de la locomotive qui, à son tour, le remettrait, en gare d'Austerlitz au fils de Georgette. Vous n'y croyez pas ? C'était pourtant vrai.

La chère, à Lous Landés, n'était pas donnée – autour de 200 F, au début des années 1980, soit presque autant qu'à L'Archestrate de Senderens, mais il fallait bien contribuer à l'achat des sacs Hermès et aux sorties en ville de notre chère Georgette. Elle avait pris goût à la vie parisienne, une fois son dernier client parti. Je me souviens l'avoir vu lever la jambe sur le plateau de l'Alcazar, poussée – et ravie – par Jean-Marie Rivière, qui faisait partie de sa garde rapprochée. Toutefois, le pays lui remontait régulièrement par grosses bouffées et, n'y tenant plus, elle courait vers la lande avec, pour excellent prétexte, l'urgent besoin de réveiller ses fournisseurs endormis et de donner le bonjour, toujours accompagné d'une plaisanterie, aux plus zélés. Cela se traduisit pour moi par de mémorables balades landaises, guidées par Georgette qui, ces fois-là, n'avait pas besoin de se ficeler du boudin à la ceinture.

Arrivée au pays, elle humait l'air un bon coup et disait : « C'est bien... Ici, on s'entend vivre. »

Loin de ses casseroles, elle avait tout le temps de me raconter ses souvenirs de jeunesse qui me la rendaient encore plus chère et me rapprochait chaque fois un peu plus de cette contrée secrète, pudique, facétieuse et, à sa manière, follement civilisée.

Dans les années 1930, la vie, pour une fille de petits fermiers landais, était moins rude qu'au début du siècle, quand on ne pouvait s'offrir de viande rouge qu'au Carnaval, et que le souvenir des famines de jadis que contaient les grand-mères, se réchauffant les pieds et les mains au cantou, entretenait encore l'image sacrée du pain. Blanc le dimanche et noir les jours de semaine.

Georgette, pas geignarde pour un sou, comme toute bonne Landaise, ne voulait se souvenir que des bons moments. Comme de ce jour de grande liesse – souvent à Carnaval –, qu'était la tuaille du malheureux cochon, (on disait également le « jour du pêle-porc »), dont on allait se nourrir tout au long de l'année. Il y avait toujours dans le voisinage un homme pour faire office de sacrificateur. Des fois, c'était un vrai tueur qui avait même l'air de prendre du plaisir à enfoncer la lame dans la gorge de la victime et à l'entendre hurler. D'autres fois, c'était un plus brave qui l'assommait d'un grand coup de gourdin. Il n'y avait plus de cris à se boucher les oreilles et s'il se trouvait dans l'assistance une âme sensible prête à pleurer le gentil petit monsieur qu'on avait dorloté pendant des mois, la peine était moins grande. Son sang, vidé jusqu'à la dernière goutte, les femmes versaient des seaux d'eau bouillante et les hommes se mettaient à racler, à gratter et à raser les poils de Fifi ou de Suzy avec leurs instruments.

La toilette terminée, on passait à la pendaison et, d'un coup de couteau, le Grand Prêtre ouvrait la dépouille, d'où s'échappaient les intestins dont les femmes, en tablier noir, les manches retroussées, les bras dans le sang jusqu'au coude, s'emparaient, impassibles, pour les laver à grande eau. Après quoi, elles préparaient les tripes et le boudin et, plus tard, « l'effort portant appétit », on se mettrait à table avec les parents, les amis, les voisins et plus tard encore, après la soupe grasse, le plat en sauce, le rôti, les desserts et les cafés arrosés, les hommes joueraient à la sizette – plus ou moins notre belote – et d'autres danseraient le roun-la-la.

La « daoune » – ainsi nommait-on la femme la plus âgée qui était le plus souvent la grand-mère – passait dans l'ordre hiérarchique avant la « femme de la maison » qui pouvait être la fille mariée ou bien la bru. Le temps passant, venaient les petites-filles et puis, dernières venues, les petites belles-filles, les « nourettes », qu'on faisait manger dans un coin, sur un escabeau, tandis que les maris s'octroyaient la table familiale, ornée deux fois par jour d'une soupière de chou ou de haricots relevés d'une carcasse de volaille, d'une tête de poisson ou de piments verts. Le jour du confit, – de cochon, canard, oie ou pintade – la mère préparait de grosses frites qui rissolaient dans la graisse tirée du bocal. On ne connaissait guère d'autre usage de la pomme de terre.

La préparation des noces, qui mobilisait la maisonnée pendant des journées d'un travail harassant, mais toujours dans la bonne humeur et les éclats de rire, était pour les jeunes filles la meilleure des écoles ménagères. Aux côtés de sa mère, Georgette s'initia aux secrets des « bourrits, saouces, roustits, crèmes et pastis » qui composaient, dans toutes les déclinaisons possibles, la substance obligée du repas de noce, c'est-à-dire potage, pot-au-feu, sauce, rôti, tarte feuilletée ou pastis. À partir de là, on pouvait s'en donner à cœur joie, en fonction de sa gourmandise et de son porte-monnaie. Dans la famille de Georgette, on savait se priver pour, ce jour-là, ne se priver de rien. C'est donc à cette école qu'elle s'était formée la main à ce qui deviendra plus tard le socle universitaire où puiser un répertoire : tourin blanchi, soupe à l'oseille de printemps, garbure à la palette de porc, œufs à la tripe, (ainsi nommés car de mémoire de Landais, on n'y a jamais mis de tripes !), omelette « des lendemains de fête » aux bribes de foie gras, terrine de foie de canard en gelée à l'armagnac, « sauce caillou » à la dacquoise, – autrement dit, exquise et coûteuse lamproie au vin rouge, aux pruneaux, à la cannelle et à l'armagnac, merluchon de Capbreton au citron, épaule d'agneau farcie aux graisserons, daube de bœuf de Saint-André mitonnée pendant sept heures, brochette de cœurs de canard, « salegras » de cochon, sauce de veau et de jambon aux petits oiseaux, fabuleux salmis de bécasse, macaroni à la graisse de foie gras, millasson aux pommes, crème de noce au caramel... et quelques dizaines d'autres curiosités qui confirment, n'est-ce pas, la pauvreté culinaire de ce pays où, comme me l'a dit, un jour, un vieux Landais, évoquant sa jeunesse : « En ce temps-là, monsieur, les corbeaux volaient sur le dos pour ne pas voir la misère d'en bas. »

Mais revenons à nos balades du temps présent.

Aujourd'hui, Georgette m'emmène chez cette vieille ficelle de Dabadie (j'invente le nom pour ne pas lui causer d'ennuis), du côté d'Aurice, là où le boudin est si bon. Il fournit Lous Landés en divers produits dont, sous le manteau, l'inaccessible ortolan dont les gendarmes, vigilants et redoutés reniflent la trace sur les sentiers obscurs.

Il n'y pas si longtemps, un éleveur, près de Mont-de-Marsan, m'avait ouvert les tiroirs où il tenait prisonniers ces jolis petits passereaux migrants, au plumage roux tacheté de noir, que l'on piégeait aux abords des vignes et qui se retrouvaient là, dans la plus complète obscurité, à se gaver de millet. En un mois, cette petite chose qui ne pesait pas plus de 25 grammes quadruplait son poids. Dès qu'il était « mûr » et que la graisse fine et souple qui l'enrobait glissait sous le doigt comme de la soie, le temps des agapes était, pour lui, terminé. Il y avait encore quelques tenants de la vieille école qui plongeaient la tête de l'ortolan dans un verre d'armagnac, au prétexte, pas très convaincant, que cette mort subite donnait aux chairs un parfum unique mais, le plus souvent, on se contentait de l'étouffer avant de l'expédier par douzaines dans de petites cassettes en bois. Tout cela est fini. L'ortolan est inscrit désormais sur la liste rouge des délices stratégiques interdits, ce qui n'empêche toutefois pas cette chère Georgette d'aller rendre une petite visite à son ami, au cas où... Dans les Landes, l'ortolan, c'est comme le très vieil armagnac, quand il n'y en a plus, il se pourrait bien qu'il y en ait encore.

Monsieur Labadie n'est pas un éleveur mais un ramasseur. Il fait la tournée des fermes et comme il a du nez, il dégotte un peu de tout – jambon, charcuterie, foie gras frais, volaille – mais toujours du meilleur qu'il expédie ensuite à une petite clientèle d'habitués et de restaurateurs.

Sous le béret qui lui avale le haut de la tête, le regard est noir comme du charbon et, présentement, accablé. Les gendarmes ont débarqué chez lui l'avant-veille, ouvert les portes de ses frigos, passé sa cave au peigne fin, vidé ses poubelles, examiné ses livres, enfin, bien des misères pour un pauvre homme de Landais qui n'a jamais vu de sa vie la queue d'un ortolan. Oui, il sait ce que c'est, il en a entendu parler mais c'est tout juste.

Les gendarmes sont repartis bredouilles.

« Vous en aviez donc pas ? » s'enquiert Georgette.

« Eh non, puisqu'ils en ont pas trouvé »

« Ah bon, répond Georgette. Moi qui me disais que vous m'auriez peut-être mis de côté quelques boîtes de petits oiseaux... »

« Attendez, il faut pas rigoler avec ça. Ça peut coûter cher quand ils vous piquent. En tout cas, je vous ai trouvé une douzaine de jeunes palombes, tendres comme des nouveaux-nés, du bon cochon et deux foies de canard, je ne vous dis que ça. »

« Je vous remercie, monsieur Labadie. Mais dites-moi, des ortolans, vous pouvez m'en mettre combien ? »

« Oh, madame Descat, vous pensez bien que si j'avais des ortolans, ils seraient pour vous. Mais quand y en a pas, y en a pas. »

« Je vous comprends, monsieur Labadie. Mais remarquez, je ne suis pas gourmande, six douzaines, ça m'irait très bien. »

« Arrêtez donc ! Tiens, je vous ouvre la porte du frigo. Vous en voyez des ortolans ? Non ? Alors qu'est ce que je vous disais ? »

Georgette, pas démontée pour autant : « Je n'ai jamais dit que je voulais les ortolans du frigo. »

« Allez, madame Descat, on va plutôt boire un coup. »

Nous buvons un coup, puis deux, puis trois. Le moment est venu d'emballer la marchandise et de se quitter. Georgette sort les billets de son sac et comme si au dernier moment, il lui revenait quelque chose d'important, elle lance : « Ah oui, au fait et les ortolans ? »

Sans un mot, monsieur Labadie se lève et se dirigeant vers une porte, tout au fond, dit de l'air le plus naturel du monde :

« Vous m'avez bien dit trois douzaines ? Attendez là, ça sera pas long. »

LE BÉRET ET L'ESPADRILLE

Le Français des temps modernes était né

Le béret n'est pas un couvre-chef. Il est la partie supérieure du Basque.

Pour être entier, à sa naissance, le Basque doit se composer de la manière suivante : il arrive par le béret et se termine par les espadrilles. À l'inverse, quand il quitte ce bas monde, c'est les espadrilles devant et le béret derrière.

Le pouvoir de séduction du béret et l'attraction qu'il exerce sur les peuplades les plus diverses sont irrésistibles. Un seul exemple pour s'en convaincre : savez-vous qu'il s'en est fallu de peu qu'il ne coiffât les divisions de panzers qui, au début de juillet 1940, achevaient leur itinéraire touristique au pied des Pyrénées ? Le cours de l'histoire en aurait peut-être été changé si les camarades du jeune Helmut avaient tous suivi son exemple.

Helmut était un grand gars blond et bronzé, au soleil de la victoire, qui était venu nous voir sur les rives de l'Adour sans y avoir été convié. Il avait émergé de la tourelle de son tank, en uniforme noir, cheveux au vent et soucieux de se présenter en une tenue correcte, il avait enfilé le calot, également noir, marqué d'une tête de mort par quoi la panzer signalait ses intentions pacifiques et bienveillantes. Visiblement, il ne demandait qu'à se faire de nouveaux amis et j'en sais quelque chose, puisqu'il fut pendant une dizaine de jours le colocataire de la petite villa du village d'Halsou, en face de Cambo-les-Bains, où notre père avait choisi de mettre un terme aux vacances itinérantes qui nous avaient conduits, par des routes départementales, de Paris jusqu'aux portes de l'Espagne. Helmut se fit remarquer d'abord par l'achat d'un gros gâteau basque, bien épais, bien lourd, bien gorgé de beurre. En quantité insuffisante – le beurre –, aux yeux de ce jeune homme, habitué au régime « Pas de beurre mais des canons » préconisé par Hermann Goering, car, plongeant son couteau dans une motte, il en étala une épaisse couche sur l'étouffe-chrétien et avala le tout, jusqu'à la dernière miette.

Je venais d'obtenir de mes parents qu'ils m'achetassent un béret, puisque, dans le village, tous les garçons de mon âge en portaient (j'appris par la suite que c'était comme un signe initiatique, une manière de montrer que l'on passait de l'enfance à l'adolescence). Mon enfance parisienne puis, provisoirement orléanaise pour échapper aux risques de bombardements, m'en avait privé et il me parut que c'était une juste compensation. Je le perchai donc en haut de la tête, bien planté, pour qu'il ait l'air de dire : « Oui, c'est moi et je vous en fous plein la vue. » Quand un peu plus tard,

Helmut, d'un geste vif, le fit s'envoler de mon crâne et atterrir sur le sien, je pensai que, décidément, un Allemand, ça ne se refait pas et que je venais d'être la victime d'une prise de guerre. Mais non, il souriait, il riait et ne manquait pas d'ailleurs d'être ridicule avec cette galette trop petite.

« Choli, choli... » gloussait-il – se voyant déjà faire le mignon devant les « mamoizelles, foulez-vous promener ? ». Le lendemain, il revint avec un paquet plat, le défit et en sortit un superbe béret qu'il se posa sur la tête. Il l'avait choisi immense, se développant comme un couvercle ou, si l'on veut, un parasol ou encore un parapluie. Du coup, ce n'était plus le même Helmut, tout de même inquiétant avec sa tête de mort, en dépit de ses efforts pour avoir l'air civilisé. Le béret lui donnait un air bonhomme, patelin et même un peu farceur. Bientôt, Helmut nous arriverait avec une baguette sous un bras, un litron de rouge sous l'autre et pour peu que la mode s'emparât de toute la Wehrmacht, les Français pourraient s'endormir tranquilles.

Le surlendemain, je croisai Helmut à l'épicerie en grande conversation avec trois ou quatre vieux. Il avait retiré son calot pour montrer combien il était avenant et fraternel sous son béret neuf et, mobilisant le plus gros de ses connaissances de la langue française, se répandait en « Franzais, chentis, Allemands chentils », ce à quoi, opinant du bonnet, les vieux y allaient de leurs aimables commentaires dans une langue que, pas plus qu'Helmut, je ne comprenais.

Je ne pus savoir combien de camarades mon basco-panzer avait acquis à la noble cause. Quelques jours plus tard, il disparaissait et je ne puis dire si, quelque part entre Munich et Hambourg, il fait aujourd'hui sauter sur ses genoux un arrière-petit-fils qui s'amuse à tirer sur son béret. Au cas où il lirait ces lignes, il lui faudra réviser quelque peu l'excellente opinion qu'il s'était faite du peuple basque et de ses sentiments vis-à-vis de l'occupant, à partir de l'échantillon de l'épicerie d'Halsou. Retournant dans la boutique avec un copain du pays, qui m'apprenait à pêcher à la main la truite et l'alose, je retrouvai les mêmes vieux qui causaient entre eux : « Demande-leur donc ce qu'ils disaient l'autre jour à l'Allemand. » Sa question déchaîna l'hilarité dans les rangs. Une vraie tempête de rigolade sous les bérets.

La traduction ne tarda pas : « Ils lui ont dit d'aller se faire foutre, lui et ses camarades, qu'on n'avait pas besoin d'eux et que le plus tôt serait le mieux. »

Quinze ans plus tard, interviewant, de passage à Paris, Ernst von Salomon, le « Malraux allemand », fascinant auteur des *Réprouvés* et du *Questionnaire*, je tombai sur un petit bonhomme disert, chaleureux et plein d'attentions envers notre production vinicole. Sur sa tête trônait un béret. Il m'expliqua qu'il était tombé amoureux tout à la fois d'une jeune Française rencontrée là-bas et du Pays basque où tous deux retournaient chaque été. À Saint-Jean-Pied-de-Port, il s'était lié d'amitié avec un contrebandier qui lui avait offert son premier béret : « Monsieur Salomon, avait dit celui-ci, vous êtes un homme d'honneur. Avec ce béret, vous devenez un Basque-Allemand. » Depuis ce jour, le béret ne quittait pas sa tête.

On a vite fait de voir dans le béret la marque de fabrique de la franchouillardise, du troisième âge, de la retraite en charentaises ou, pire, s'agissant des années d'Occupation, d'un engagement, au moins moral, dans le nouvel ordre incarné par le vieillard de la célèbre station thermale. C'est oublier sa portée symbolique qui franchit les océans et la barrière des cultures, séduisant tout particulièrement les intellectuels, alors que les écoliers se sont convertis à la casquette américaine, visière à l'envers. Hemingway arborait son béret avec un visible contentement et, dans les années 1960, quand, grâce à l'auteur de la merveilleuse *Reine des pommes*, Chester Himes, dont j'étais devenu un familier, j'ai fréquenté le cercle des artistes et musiciens noirs expatriés sur la Rive gauche, j'ai observé que tous portaient le béret. Chaque fois que débarquait un « frère », en rupture avec une Amérique intolérante, il courait s'en acheter un.

Le béret de Che Guevara demeure encore aujourd'hui une pièce maîtresse de sa panoplie idéologique et ce n'est sûrement pas un hasard si les Black Panthers s'en affublaient également, en levant le poing. Sans oublier les bérets rouges des « Carlistes » qui, au XIXe siècle, s'étaient battus comme des lions pour leur indépendance. Plus pacifiquement, les touristes japonais qui visitent la France adorent s'en coller un sur la tête, à l'exemple, jadis, de leur compatriote, le peintre « montparno » Foujita et, dans les galeries d'art de Tokyo, il n'est pas rare de croiser une face jaune sous un béret noir, une façon pour un intello nippon de marquer sa différence en se donnant un « air français ».

Plus surprenant encore, il est devenu, depuis quelques années, en commençant par Claudia Schiffer, un accessoire des défilés de haute couture, un brin impertinent, en tout cas rigolo, le faisant échapper ainsi à tout procès en ringardise. Madonna a même réussi à lui donner un tour érotique.

Bref, si cette expression, cent fois ressassée, ne me donnait pas des boutons, je dirais que le béret est un « phénomène de société ».

En attendant que s'ouvre une chaire en Sorbonne ou à Harvard, il est entré au musée, donc, dans l'ère de la communication. Un petit musée épatant s'est ouvert dans le village de Nay, entre Lourdes et Pau, où, depuis 1819, cinq générations de Blanc-Olibet se sont vouées à sa fabrication et à son expédition dans le monde entier. (Il y avait trente entreprises en 1950, il n'en reste plus que deux aujourd'hui.)

Il est temps, en effet, que je vous dise que le béret « basque », comme de juste, n'est pas basque, pas plus d'ailleurs que le fameux jambon sec n'est « de Bayonne ».

On comprend mieux, en effet, sa force identitaire quand on connaît la fierté béarnaise et le formidable esprit d'indépendance qui ont toujours gonflé les voiles de cette province qui se garde bien de ressembler à aucune autre. Prenez, par exemple, cet empêcheur de tourner en rond et éternel enquiquineur qu'est François Bayrou. Quand il s'adresse à l'Assemblée nationale, vous ne lui verrez pas de béret sur le crâne mais regardez bien. Il en a un qu'on ne voit pas mais il en a un.

Comment est né « Lou berret », on le sait de source sûre. C'est Noé, seul sur son arche, qui l'a inventé. Après avoir débarqué ses bêtes, il s'avisa de la présence, au fond de la cale, d'une sorte de feutre imperméable et, toutefois, souple, dû à la transformation de la toison des moutons et des chèvres dont il s'était servi pour colmater son embarcation et que les animaux n'avaient cessé de piétiner. Il découpa le feutre et s'en fit une coiffe, bien utile en cette fichue saison où il pleuvait des cordes.

L'histoire ne dit pas dans quelles circonstances Noé se retrouva en Béarn. En tout cas, dès le haut Moyen Âge, les bergers du Béarn et de Bigorre se tricotaient, avec de la laine de mouton, lavée, martelée et des aiguilles en buis, un couvre-chef qui les protégeait de la pluie et du soleil. En vallée d'Aspe, un bas-relief du monastère de Sarrance montre un pêcheur au bord d'une rivière qui porte un béret facilement identifiable. Les « santourets » de la crèche de l'église d'Oléron en sont également coiffés et au temps du « nouste Henric » (le futur Henri IV), il faisait partie de la tenue traditionnelle. Il avait alors une envergure qui rendait difficile le passage de la tête à travers un soupirail.

Les Landais qui l'adoptèrent à leur tour réduisirent la voilure, de même que les joueurs de pelote du Pays basque qui, à la fin du XIXe siècle, s'en firent un attribut incontournable.

Séduits, les touristes se mirent à en acheter chez les commerçants de Bayonne ou de Saint-Jean-de-Luz, lesquels s'approvisionnaient en Béarn mais y collaient au passage des étiquettes marquées Ustaritz, Espelette ou Ainhoa.

Le béret « basque » était né.

Un chant quasi patriotique, à lui consacré, circule encore dans les chaumières, encouragé par la vaillante confrérie « Gardarem Lou berret ». Après avoir visité le musée de Nay, vous ne manquerez pas d'en apprendre par cœur l'intégralité. En voici une strophe à titre d'échantillon :

Le Béarnais aime à le mettre en pointe
Le Basque, lui, le met sur l'occiput,
Et le Landais, sans reproche et sans crainte,
Le pose ainsi quand il veut dire « zut ».
C'est tout petit mais c'est une merveille.
Pour réfléchir, c'est ainsi qu'on le met,
Et pour crâner, on l'accroche à l'oreille.
Quel orateur, ce coquin de béret !
Vive Lou Bounet !
Vive Lou Berret !

***

Parti de ce bon pied, vous ne pourriez manquer, sans me fâcher, de filer tout droit à Saint-Laurent-de-Cerdans, (désolé, nous quittons la Gascogne pour le Languedoc, juste en face du Canigou), où le musée de l'Espadrille a comblé un vide sidéral dans ma culture pédieuse. Comme vous, je croyais dur comme fer que l'espadrille, connue également sous le nom d'« escarpin du beauf », avait été inventée, au milieu du XIXe siècle par Mercédès Larrabure, née Diaz de Senillosas qui, amoureuse du Pays basque, y créa le soulier révolutionnaire en empeigne de toile et semelle de corde.

Eh bien, non !

Avant le coup de génie de cette héritière de la vieille noblesse andalouse, qualifiée par les chroniqueurs de « brunette piquante », parce qu'elle n'était ni blonde ni rousse, il y avait eu des précédents. Une chronique du père Ignace de Gorostarzu, diffusée sur Internet, vous l'apprendra plus en détail mais voici en gros le troublant mystère.

En 1947, un ethnologue suédois enquêtait sur les mœurs d'une peuplade inconnue d'une île non moins inconnue du Pacifique, San Perdadidas quand, stupéfait, il découvrit que ces singuliers Riiboks avaient pour unique activité artisanale la confection d'espadrilles, en tous points semblables à celles imaginées par la géniale Mercédès et portées depuis dans le monde entier. À cette différence près que si la forme en était semblable, la matière – terre cuite et poudre de coquillages – penchait plutôt en faveur d'une urne à destination funéraire. Troublante énigme, jamais élucidée[1]...

Ceux qui prétendent que l'espadrille est née, non pas au milieu mais au début du XIXe siècle, se fourrent également le doigt dans l'œil. Non seulement – et cette fois, c'est sérieux – il en est fait mention, pour la première fois, dans un texte en langue française en 1723, mais il est établi qu'au XIIIe siècle, les soldats du roi d'Aragon étaient déjà chaussés d'espadrilles.

Et alors ? me direz-vous.

Et alors, vous répondrai-je, cette petite chose de toile et de corde, qu'on fabriquait avec les fibres du *spart*, une plante méditerranéenne utilisée pour le cordage des navires, a vite connu un succès fantastique. Ne serait-ce que parce qu'il y avait beaucoup plus de gens sans le sou que de gens avec, elle chaussa tout le Sud-Ouest, où on l'appela la « chaussure du pauvre ».

---

1. Je renvoie les chercheurs sur le site graphikdesigns.free.fr

Remontant vers le Nord, elle s'installa de plain-pied dans les mines du Pas-de-Calais où, pour quelques sous, les « gueules noires » trouvèrent ainsi chaussure à leur pied. Trempée dans le goudron, l'espadrille nordiste s'usait moins vite que l'épiderme de ceux qui la portaient.

Le Front populaire et les congés payés qui jetèrent sur les sentiers et les plages des armées de pieds vierges – et un peu regardants sur la dépense – agirent à la manière d'un sacre.

Béret en haut, espadrille en bas, « marcel » au milieu, le Français des temps modernes était né.

Non seulement, il continue de se reproduire, au grand bonheur des adorateurs de la ringardise mais voici que les designers s'en mêlent. Dans une version compensée, dont le succès est phénoménal jusqu'à Hollywood où les stars, de Jennifer Lopez à Sharon Stone et Catherine Zeta-Jones, l'ont adoptée, l'espadrille (1,3 millions de paires par an, à travers une demi-douzaine de PME) grimpe sur les podiums de Jean-Paul Gaultier ou Sonia Rykiel, s'expose dans les vitrines d'Hermès, à des tarifs « congés non payés » et sert même de support aux graphistes d'avant-garde de Make Feet Beatiful de la marque The String Republic. Bref, nous voici en plein dans l'« espadrille revisitée ». Ce qui ne risque pas de changer est la trouvaille géniale – et aussi profitable au fabricant qu'à l'utilisateur – qui consiste à ne pas avoir de pied droit différent du gauche et vice-versa.

Avec l'espadrille, c'est la lutte des classes qui tombe à plat.

L'ARMAGNAC NE S'ACHÈTE PAS. IL SE CHASSE

« Un 1937 ! Mais comme c'est jeune ! »

Quand on en parle, il faut en parler avec passion. Pour l'aimer, il faut aller le boire sur place, avec ceux qui le font. L'armagnac ne s'achète pas. Il se chasse.

Il faut un bon pisteur. En cet automne, toujours exquis, où la lumière fait jouer toute une palette de mauves sur la lande, ce pisteur de grande race, je l'avais en la personne de mon ami Jean-Marc. À trente ans et quelque, il n'arrivait toujours pas à rattraper son siècle. Il ne faisait d'ailleurs aucun effort et mobilisait au contraire toute son énergie, il est vrai confite dans la graisse d'oie la plus fine et macérée dans les vins et les alcools les plus choisis, à l'éviter soigneusement.

Ce diplômé de Sciences-Po, béarnais de naissance et landais de cœur, vivait intensément dans une époque qu'il n'avait pas connue : celle des notables gascons d'avant-guerre qui avaient le temps de vivre, de se pencher au-dessus des marmites de la fidèle cuisinière qui les avait vus naître, de visiter leur cave avec la tendresse d'un amant, de piquer un petit somme de deux, trois heures après les repas, de considérer que le superflu est ce qu'il y a dans la vie de plus nécessaire et qui mettaient grand soin à négliger leurs affaires.

Quand j'ai fait sa connaissance autour de la table commune de Lous Landès, Jean-Marc conduisait à l'abîme, d'un pas ferme et assuré, sa petite entreprise familiale de vins fins et spiritueux. Il n'avait pas son pareil pour oublier d'honorer les commandes de ses clients et se fâcher avec les plus importants d'entre eux, quand, par exemple, il adressait la facture avant une expédition qui ne venait pas. Une discussion autour d'un cru, à son avis sur-coté (il avait un palais infaillible), pouvait le mettre dans des rages folles et c'est plus d'une fois qu'on l'a vu basculer des verres ou renverser une table, quand la bouteille qu'on venait de lui servir relevait de l'indignité nationale.

Il n'avait pas son pareil, non plus, pour dénicher à travers les vignobles de France, la délicieuse pièce de collection, le rare muscadet à ne pas finir dans l'évier, le condrieu non pommadé, le champagne non dosé ou l'eau-de-vie centenaire qui ne datait pas de la veille.

Mais la grande affaire de sa vie était l'armagnac. Avec lui, on ne risquait pas d'avoir jamais l'eau à la bouche.

La raison en était qu'il prenait grand soin de sa santé. Il n'y a rien de tel, en effet, pour se bien porter que de se laver l'estomac à l'armagnac. Dans un rarissime ouvrage provenant de la bibliothèque du Vatican et datant du Moyen Âge, la chose ne faisait aucun doute, cette eau-de-vie n'ayant pas moins de 40 « vertus ou efficacités » :

« *Elle fait disparaître la rougeur et la chaleur des yeux, elle arrête les larmes de couler. Elle guérit les hépatites, la goutte, les chancres, les fistules. L'onction fréquente d'un membre paralysé le rend à son état normal. Elle calme le mal aux dents, elle enlève la mauvaise senteur du nez, des gencives, des aisselles. Elle rappelle à la mémoire le passé, rend l'homme joyeux, conserve la jeunesse et retarde la sénilité. Elle fait disparaître la douleur des oreilles et la surdité. Elle ôte les calculs et guérit la fièvre quarte. Si on oint la tête, elle supprime les maux de tête, surtout ceux provenant du rhume. De même, le lépreux, s'il en prend modérément, sa lèpre n'ira pas loin.* »

Assuré par les voix du Ciel qu'un verre d'armagnac ne pouvait que lui faire du bien, Jean-Marc en déduisit qu'un deuxième et, mieux encore, un troisième lui en feraient encore davantage. À ce régime, il se porta comme un charme.

Nous étions encore à l'époque où, dans un restaurant digne de ce nom, il n'y avait pas de repas qui ne se termina sans un verre de quelque chose. Il n'y avait pas non plus de gendarme à la sortie pour tendre un ballon. Cette passion de l'armagnac, je la nourrissais depuis quelque temps déjà et appliquais tout mon enthousiasme à la faire partager à nos lecteurs. Bien que rendue confidentielle par la rareté du produit, la consommation des vénérables grands bas-armagnacs, quasiment introuvables dans le commerce, se répandait dans les bonnes maisons jusqu'à devenir une petite mode. (Quand on expliquait que ce don des Dieux est le produit d'une méchante piquette locale, cela faisait toujours son petit effet). Aussi, lorsque Jean-Marc venait de mettre la main sur un lassis 1893, un pitous 1936, un ramazeilles 1941 du docteur Groc, un ravignan 1946, un farbos 1947 ou un prodigieux nougaro, sans âge, du papa du chanteur Nougaro, c'était l'émeute chez Georgette Descat, l'insupportable et merveilleux Denis, rue Ramequin, Alain Senderens et quelques autres inconditionnels.

Quand Jean-Marc me proposa de l'accompagner dans une virée au pays des anges, où quelques fous furieux s'acharnaient encore à faire vieillir dans le bois pendant des années ce que la majorité – 98 % de l'appellation – auraient mis sur le marché depuis belle lurette dans des flacons tarabiscotés, sous des étiquettes grotesques, découpées dans des capes de mousquetaire, je ne me le suis pas fait dire deux fois.

En route, donc, pour le bout du monde, en compagnie de ce gros chat gourmand, qui ronronnait, tout en aiguisant ses griffes.

Un bout du monde grand comme un mouchoir de paysan, ce qui, tout de même, n'était pas rien, et prélevé sur l'aile orientale du département des Landes, plus quelques petits morceaux dans le Gers. Ce n'est pas tout de dire « Bas-Armagnac ». Si vous acceptez de le voir filer jusqu'à Eauze, Gabarret et même, ô horreur, Vic-Fezensac, je vous préviens : nous ne serons pas amis longtemps. Jean-Marc n'aurait regardé pour rien au monde du côté d'Eauze et, pire, d'Auch et n'avait que foutre des fins-bas, du côté de Panjas ou de Bourrouillan. À la rigueur les petits-bas, sauvés par Manciet et Nogaro mais, bon Dieu, le bon, le tout bon, c'était dans les grands-bas, dans le Triangle d'Or de l'armagnac « noir » des boulbènes, – autrement dit les sols siliceux !

C'est cela, prenez une carte, ouvrez bien les yeux et donnez-vous un peu de mal.

Mont-de-Marsan à gauche, Labastide-d'Armagnac en haut, Barbotan-les-Thermes à droite et Aire-sur-l'Adour en bas. Le bonheur se trouve entre ces quatre là. Il s'appelle le Frèche, Ognoas, Perquié avec son superbe domaine de Ravignan dont Henri IV goûta la châtelaine, Hontanx et son domaine de Lassaubatju, Saint-Gein, le Houga, Castex et son château de Monbel, Arthez, Monclar, Bourdalat, Cazaubon...

Allez donc toquer aux portes et demandez, l'air de rien : « Des vieux armagnacs, il paraîtrait que vous en auriez encore *queques* bouteilles... Enfin, c'est ce qu'on dit mais on veut pas déranger... » et vous tomberez peut-être, comme nous, sur un ancêtre pas trop causeux qui vous regardera du coin de l'œil et marmonnera : « Mes pauvres messieurs, du vieil armagnac, on en trouve point. Ça, non et ça fait même longtemps qu'y en a plus. »

N'insistez surtout pas et faites comme Jean-Marc, trappeur infatigable et rusé, capable de tout pour s'emparer de sa proie : « Ah bon, ça ne fait rien. On reviendra un autre jour et, qui sait, d'ici là, vous aurez peut-être retrouvé deux ou trois bouteilles... » Si vous lui aviez dit : « Mais je suis sûr qu'il vous en reste », l'affaire était cuite, tandis que là, vous laissez une porte ouverte. Avec un peu de chance, le bonhomme fera, en se grattant la tête : « Attendez voir, ça me revient. Y a peut-être *queque* chose. Faut que je cherche... Revenez donc et je vous dirai. »

Ça, c'est très bon signe. Du vieil armagnac, il en a, c'est sûr mais surtout il a l'air disposé à vous en vendre. Il faut savoir qu'un paysan ne vend jamais son meilleur armagnac s'il n'a pas une raison bien précise. Une fille à marier, un achat en perspective, une grange à refaire… On ne vend pas pour vendre mais parce que…

Je ne vous jure pas que vous tomberez, comme nous en revenant quelques jours plus tard, sur une bouteille où une étiquette à l'encre violette indiquait : 1893. (Le vieux millésime, c'est comme tout, il faut se méfier mais il y en a de vrais et cette année-là, la récolte avait été historique.)

Le bonhomme l'avait posée sur la table, à côté de trois verres et, d'un air pour ainsi dire négligent, avait laissé tomber : « J'ai trouvé ça dans la cave… Alors je me suis dit que ça ferait peut-être bien votre affaire. »

« Et des comme ça, vous en auriez d'autres ? » avait demandé Jean-Marc.

Faisant mine de réfléchir, l'ancêtre de répondre : « Allez donc savoir… En attendant, on s'en va le goûter. Des fois qu'il serait pas bon… » Bon Dieu, qu'il l'était, bon, dans sa robe jaune ocre, son nez fondu dans un merveilleux velours, ses saveurs de fruit confit au miel, de pêche, d'un soupçon de noisette et d'une pointe de chocolat amer dans la complexité du pruneau à la vanille !

Au cours de ces virées, un coup, le paysan sortait les autres flacons « oubliés » dans sa réserve, qu'il fallait payer bon prix car ne vous imaginez pas que dans le pays on ne connaissait pas les tarifs du marché. Un autre coup, rien, parce qu'il n'y en avait plus dans la cave. Même là, on n'avait pas perdu son temps. On repartait avec un bon goût dans la bouche et le plaisir d'avoir tâté de la formidable hospitalité landaise, quand après vous avoir examiné, en douce, des pieds à la tête, votre interlocuteur se disait que cela irait, qu'il pouvait vous faire confiance et que vous seriez toujours le bienvenu sous son toit.

Par la suite, la chasse est devenue de plus en difficile avec l'arrivée d'un sacré explorateur qui, connaissant chaque caverne aux trésors, raflait les meilleures pièces (à Bordeaux, un fût, c'est 225 litres, en Armagnac, une pièce, c'est 420 litres) : cet as de la razzia, c'était Francis Darroze, le fils du « César des Landes ». Il partait avec son matériel lourd – un cageot, deux verres ballons, un siphon à embout de cuivre – et par des chemins de terre les plus tordus arrivait dans des fermes perdues qui s'appelaient « Au Martin », « Les trois frères » ou « Pépé Faget ». Il y en avait, qui distillaient encore au feu de bois, comme au temps jadis. Dans le chai, il arrivait qu'on réveilla un rat qui roupillait. Alors, histoire de rassurer, le fermier disait : « Y gêne pas l'armagnac. »

Si, aujourd'hui, vous lisez sur une étiquette le nom de Francis Darroze (je le crois toujours en activité), vous pouvez y aller. Chez lui, même le moyen est au-dessus de la moyenne.

Je me demande pourtant si son talent de persuasion aurait eu le moindre effet sur le personnage le plus extravagant qu'il nous ait été donné de rencontrer au cours de nos expéditions, Jean-Marc et moi. À ce seigneur landais qui survivait dans l'impossible, j'avais donné un surnom : le Clérambard de l'armagnac.

Comme le héros de Marcel Aymé, son château s'effondrait, des fils électriques, dénudés, s'enroulaient en pelote, un téléphone de campagne de la Guerre de 14 hoquetait dans un coin, des toiles d'araignée engloutissaient une batterie de fûts en pauvre état et, pendant ce temps-là, notre châtelain se lançait dans des colères noires contre le siècle, la société, l'immonde progrès et, par la même occasion, rendait la vie impossible à son entourage.

Une différence, toutefois, avec le Clérambard original : Robert de Poyferré, propriétaire d'un des plus beaux domaines du Bas-Armagnac, avait sous les pieds, depuis longtemps, une mine d'or. Nullement par avarice mais au contraire par idéalisme – et une sacrée dose d'aveuglement – il laissait pourrir son trésor et s'évaporer dans les airs un bon milliard de francs, ce qui, au milieu des années 1970, n'était pas du roudoudou.

Il laissait, en effet, des alcools admirables, vieux de quatre-vingts ou cent ans, s'épuiser dans leurs fûts de chêne, se refusant à les mettre en bouteilles.

« Il est encore un peu jeune. C'est du 1900. Dans deux ou trois ans, il devrait être fait », furent ses premières paroles, en nous tendant à chacun un verre ballon. La couleur était belle, le nez encore perceptible mais la fin était proche.

Je ne veux pas vous accabler d'explications techniques mais il faut savoir que le plus sublime armagnac n'est pas immortel. Après une cinquantaine d'années de fût, il est à son apogée et ne peut ensuite que décliner très rapidement. C'est comme s'il laissait tomber sa culotte. Le voilà nu et le spectacle n'est guère réjouissant.

L'eau-de-vie est blanche quand elle sort de l'alambic armagnacais, qui contrairement au charentais, effectue une distillation continue. Elle prend sa teinte en vieillissant naturellement (honte aux coquins qui osent fourrer du caramel ou des copeaux de bois de chêne !), dans – c'est l'idéal – du chêne blanc et pas noir, ni même foncé et un bois toujours fendu (honte aux fripouilles qui achètent du bois scié !). Au bout de quatre ans, l'armagnac de propriétaire est convenable. Au bout de dix ou quinze, il commence à avoir l'âge de sortir dans le monde.

Seulement, pendant ce temps-là, l'alcool s'évapore – « la part des anges » – et autour de la douzième année, la perte sera presque d'un cinquième. C'est pourquoi, pour compenser mais aussi pour adoucir un armagnac trop jeune, on le « flotte » avec de l'eau distillée. C'est légal mais, bon Dieu, quelle honte ! (Facile d'ailleurs à déceler : vous agitez la bouteille, si la mousse est abondante et assez persistante, c'est du bon. Si elle mousse à peine et que les bulles retombent aussitôt, vous voilà prévenu.)

Robert de Poyferré n'était pas homme à se livrer à d'aussi noires pratiques et gloire à lui ! L'ennui est qu'il était persuadé que plus son armagnac vieillissait, meilleur il devenait. Une folie car trop longtemps en fût il séchait et mourait.

Ce n'était pas tout à fait le cas de ce 1900, en route vers le cimetière mais nous n'étions pas encore au bout de nos peines. Tenant absolument à nous faire remonter le temps, notre hôte manœuvrait pipette sur pipette, pour des résultats de plus en plus navrants. Un Waterloo après la bataille, sur un champ jonché de cadavres. Lui, en revanche, était aux anges. Plus l'eau-de-vie fléchissait les genoux, plus il la trouvait admirable. Nous, lâchement, ponctuions nos dégustations d'un « Quelle merveille ! » ou d'un « Absolument grandiose ! ».

Nous n'étions toutefois pas là seulement pour le spectacle. Jean-Marc n'avait pas perdu l'espoir de repartir avec un lot de grandes bouteilles qui enchanterait sa pratique.

D'une voix hésitante, il lança à l'adresse du châtelain : « Tout cela est splendide, mais peut-être auriez vous quelque chose de plus jeune ? Vous savez, la clientèle... de nos jours... »

« Ils n'y connaissent rien ! explosa Robert de Poyferré. Ça, c'est vrai, on peut leur faire avaler n'importe quoi. Mon Dieu, quelle époque... » Avisant un fût marqué 1937 (le millésime le plus récent de toute la cave), Jean-Marc feignit la surprise :

« Un 1937 ! Mais comme c'est jeune ! »

« Oui, vous avez raison, c'est imbuvable » fit l'autre, ravi d'avoir à faire à un fin connaisseur.

Mon gros renard de Jean-Marc fonça alors dans la brèche : « Vous pensez bien que je ne boirai jamais un truc pareil. Mais voyez-vous, à titre d'exemple, je vous en prendrais bien quelques cartons. Je ferai goûter votre 1937 à des restaurateurs de mes amis qui, entre nous, ont toute une éducation à faire. Comme cela, ils verront ce qu'est un armagnac trop jeune. »

Le marché, laborieusement, fut conclu quelques semaines plus tard et ce délicieux millésime fit le bonheur d'une poignée de vrais amateurs.

Avant de se quitter dans un parfait climat de confiance réciproque, Robert de Poyferré tint absolument à nous faire une petite surprise. Disparaissant au fond de la cave, il en revint un instant plus tard avec une bouteille dont il remplit trois verres.

Le liquide avait une drôle de couleur et en bouche, c'était encore pire : un goût sucré, vraiment écœurant. C'était un « clairet » de Bordeaux.

« Un vin comme celui-là, lança notre hôte, vous n'en trouverez nulle part ailleurs. Il a au moins cinquante ans. »

« Quelle merveille ! » s'exclama Jean-Marc. Et moi, d'enchaîner : « Quelle merveille ! On peut dire que vous nous avez gâtés [1] ! »

---

1. Un jour, les Français – et pas seulement eux – s'arrêtèrent de boire de l'armagnac. Vieux ou jeune, artisanal ou industriel, l'armagnac, c'était fini. À la fin des années 1980, il s'en vendait 14 millions de bouteilles. En 2000, les ventes étaient tombées à moins de 6 millions. Dieu merci, depuis 2004, l'armagnac retrouve des couleurs. Grâce aux « hors d'âge » et aux millésimés : ils ont progressé de plus de 57 % ! C'était donc la médiocrité envahissante qui était responsable. Faites bon et la consommation repart, d'autant qu'un petit fond de verre, de temps en temps, n'a jamais tué personne.

À LARRALDIA, COMME UN SEIGNEUR

« Je n'ai jamais vu de chien payer avec un chèque en bois »

Les Gascons ont de l'esprit, les Basques de l'humour, qu'ils cachent volontiers sous des mines sombres, qui ne prêtent pas du tout à rire. Mais l'essentiel est qu'ils en aient.

Maurice Carrère en avait.

Pendant des années, il avait fait la pluie et le beau temps dans les soirées et les nuits parisiennes « bon chic ». On allait « chez Carrère », au coin de la rue Marbeuf et de l'avenue George-V, comme « on allait chez Maxim's ou à Grosbois, chez le marquis de Bestegui ». Puis, il s'était retiré « au pays », auprès de sa sœur Germaine Biatarana et ensemble ils avaient décidé de faire revivre, en hôtel, une exquise maison noble du XVIIe siècle, plantée sur le flanc d'une colline, face à l'un des plus beaux panoramas du Pays basque : la vallée de la Nive, les Pyrénées et l'Espagne. En contrebas du château de Larraldia, en larges pierres du pays et petites tuiles rondes « picon », une insolite palmeraie s'était invitée. Elle avait été rapportée, disait-on, de la campagne d'Égypte.

Le baroque espagnol, le Louis XVI le plus authentique, l'anglais le plus pratique et le basque le plus paysan se mêlaient dans un faux désordre et une indicible harmonie, car Maurice Carrère, issu d'une famille très modeste, était un décorateur né, un metteur en scène inspiré. À Larraldia, on était comme un seigneur.

Il avait aussi le don de savoir faire rire.

Recevant un jour une lettre de Peter Ustinov lui demandant si, pour un petit séjour, il l'accepterait accompagné de son chien, il lui fit cette réponse. Un bijou d'humour « à l'anglaise ». Je veux dire « à la basque » :

> « Monsieur,
>
> Depuis que j'exerce mon métier d'hôtelier, j'ai observé beaucoup de gens, remarqué beaucoup de choses mais je n'ai encore jamais vu de chien me réserver une chambre, en pleine saison, et ne pas venir, en oubliant de m'en avertir.
>
> Je n'ai encore jamais vu de chien mettre la radio à plein tube, passé minuit, nettoyer ses chaussures avec le couvre-lit, brûler les draps avec sa cigarette ou étaler sur l'oreiller la confiture du petit déjeuner.
>
> Je n'ai jamais vu de chien emporter les cendriers, ni mettre dans sa valise des peignoirs de bain, des rouleaux de papier hygiénique, des poignées de porte, des bougeoirs d'argent, des

gravures d'époque, des poivriers géants ou des annuaires du téléphone.

Je n'ai jamais vu de chien dévisser les ampoules de leur chambre ou les robinets dorés de la salle de bains. Je n'ai jamais vu de chien écrire de gros mots sur les parois de la cabine d'ascenseur, ni couper les fleurs du jardin.

Je n'ai jamais vu de chien vider les sucriers pour s'en faire des provisions ni embarquer les petites cuillères.

Je n'ai jamais vu de chien qui, après avoir demandé qu'on remplaçât le menu des pensionnaires par des plats à la carte, s'étonnerait ensuite qu'on lui réclamât un supplément.

Je n'ai jamais vu de chien vider la moitié d'une bouteille et faire une scène au sommelier pour lui avoir servi un vin bouchonné.

Je n'ai jamais vu de chien me faire de compliments sur la cuisine, le confort et le charme de la maison et aller raconter ensuite à mes confrères qu'il n'y remettrait jamais plus les pieds, tellement c'était nul.

Je n'ai jamais vu de chien faire main basse sur les livres de ma bibliothèque, mise à la disposition des clients.

Je n'ai jamais vu de chien arriver dans la salle à manger à une heure où les fourneaux sont éteints et prendre un air furibard parce qu'on ne pouvait plus lui servir que des viandes froides et une salade.

Je n'ai jamais vu de chien prétendre que je sers du surgelé alors que tous mes produits sont frais.

Je n'ai jamais vu de chien écraser les mégots de ses cigares dans les assiettes à dessert.

Je n'ai jamais vu de chien me voler mon chien, ce qui m'est arrivé l'autre semaine.

Je n'ai jamais vu de chien me payer avec un chèque en bois.

Pour toutes ces raisons, c'est donc avec un immense plaisir que j'accueillerai votre chien dans mon hôtel et s'il a des parents ou des amis, ils seront également les bienvenus.

Dans l'espoir que vous voudrez bien l'accompagner, je vous prie de croire, Monsieur, en l'assurance de mes sentiments dévoués. »

MICHEL GUÉRARD
COMME UN ROI EN CHALOSSE

« On m'a parlé d'un homme
dans la lande qui fait des miracles »

Regardez-le donc, sous son béret : la petite taille, le cheveu, la bouche, le nez, la malice dans l'œil, il n'y a pas plus landais que Michel Guérard.

Comme quoi... Il est né normand, a fait ses classes dans des cuisines parisiennes, conquis ses premiers lauriers au Pot-au-feu, à Asnières, mais à peine installé à Eugénie-les-Bains, la magie a opéré : il est devenu landais, pur jus.

Ce ne fut pas tellement compliqué. Il lui a suffi de tomber amoureux d'une terre et de ses gens qui l'ont accepté comme l'un des leurs, dès qu'ils se sont rendus compte qu'il était à leur image : vif, délié, fidèle, généreux et un peu farceur. Sur la Côte d'Azur, où tout ce qui vient d'ailleurs dérange, sauf l'argent qu'on peut en tirer, Michel Guérard aurait été un « estranger du dedans ». Il aurait eu beau faire, il le serait encore trente ans après. En Chalosse, où son talent n'a cessé de faire merveille, la question ne s'est jamais posée. « Il est des nôtres, un point, c'est tout. »

J'en ai la confirmation en l'accompagnant à son marché.

Dans la grande cuisine, inondée de soleil, fenêtres ouvertes sur les prés d'Eugénie, d'irrésistibles effluves me chatouillent les narines et il y a comme de la gaieté dans l'air. « On va aux écrevisses ? » lance Guérard. « Aux écrevisses, il y en a encore ? »

« Non, mais on m'a parlé d'un homme dans la lande qui fait des miracles. » Voilà, c'est parti. Il n'y a rien de tel que de faire son marché pour aller droit au cœur d'une région.

À quelques kilomètres de Villeneuve-de-Marsan, une route s'enfonce dans la forêt, boucle des boucles autour de fermes qui ont l'air de faire la sieste depuis des siècles et se casse le nez au bord d'un étang nostalgique. Un chalet blanc au toit pentu, qui sent un peu le neuf, semble s'être arrêté là par erreur.

Un grand maigre aux cheveux blancs et aux yeux d'un bleu candide nous accueille. Il a l'allure de quelqu'un qui sort tout droit d'un laboratoire. Comme un fait exprès, il en sort.

Pierre Darré a été le collaborateur le plus proche de Jean Rostand. Depuis vingt-quatre ans, il vit au cœur de cette forêt où, après la mort du Maître des Grenouilles, il est devenu patron de cette étrange entreprise. Écolo avant que le mot soit inventé, le fils génial de l'auteur de *Cyrano de Bergerac* avait créé, ici même, en 1959, un laboratoire en milieu naturel, baptisé depuis centre Jean Rostand de Pouydesseaux.

C'est là que vient de naître et va grouiller dans quelques semaines la bestiole qu'on croyait aussi mythique que la licorne et qui en a ruiné plus d'un : l'écrevisse pattes rouges d'élevage. Avant d'en arriver là, il a fallu affronter scepticisme et quolibets.

« Vous vous souvenez de la passion de Jean Rostand pour les batraciens, dit Jean Darré. Ce dont on se souvient moins est qu'il s'intéressait aussi aux écrevisses. Allez dans cette voie, me conseilla-t-il. Il y a beaucoup à faire. J'ai suivi son conseil, j'ai essuyé beaucoup d'échecs mais je vis un grand amour. Je suis devenu un amant des écrevisses. »

Guérard et moi sommes évidemment sous le charme de ce professeur Tournesol qui fait quasiment l'amour avec de sales petites bestioles qui pincent sec et bouffent de la viande avariée. « Et qu'est-ce que vous leur trouvez de tellement irrésistible ? » « Elles sont rebelles. » Voilà qui nous plaît.

« Mon père qui était du coin, poursuit-il, était le meilleur des pêcheurs d'écrevisses. Il y a trente ans, elles pullulaient dans la Douze. Il lui arrivait d'en prendre deux cents par jour. J'entends encore le bruit qu'elles faisaient dans le sac où il les glissait sur un lit d'orties. Puis, il y a eu l'arrivée de l'écrevisse américaine qui a collé une épidémie, le recalibrage des rivières, la pollution agricole et industrielle, sans oublier le braconnage qui a tout achevé. Les restaurateurs y allaient gaiement et rien qu'à Villeneuve, c'est par tonnes que le père Darroze prélevait des écrevisses grainées. »

Du coup, la patte rouge est devenue la perle rare de la gastronomie, tandis que débarquaient depuis l'Est, par wagons entiers, les fausses pattes « blanches ». En vérité, pattes « grêles » qui n'ont rien de commun avec les vraies « blanches », pêchées encore çà et là dans nos ruisseaux.

Un chapelet d'étangs, alimenté par des eaux vives s'égrène au milieu des bois. Une écrevisse gigote dans la main de Pierre Darré qui vient de la sortir et la caresse tendrement ; « Vous ne trouvez pas qu'avec son armure, on dirait un guerrier japonais ? Mais ne vous y fiez pas. Sous son air menaçant, elle est fragile et très vulnérable. Il lui faut de l'eau qui ne gèle pas, un microclimat doux, avec, en novembre, un abaissement de la température sans lequel l'accouplement ne marcherait pas. Tout cela est réuni ici mais il y a toujours des risques. Après la pondaison, pas plus de cinq œufs sur cent arriveront à l'âge adulte. Les mères mangent les petits, les écrevisses se bouffent entre elles et surtout il y a ce petit insecte que je vais vous montrer. C'est l'ennemi public n° 1 de l'écrevisse. »

Une drôle de bestiole ovale de la taille d'un cafard, blindée comme un char d'assaut avec, sous le ventre, une paire de pattes minuscules qui lui permettent de se déplacer dans tous les sens. Le Himmler de l'holocauste écrevissier, c'est lui : le dytique. Non seulement, il dévore les œufs mais s'attaque ensuite aux bébés. Le seul moyen d'y échapper est de mettre l'écrevisse à l'abri, pendant toutes les phases de la gestation et du développement, dans trois bassins successifs, où elle sera protégée contre les dytiques et les poissons carnassiers. Grâce à cette méthode, qui demande un travail d'enfer, les pensionnaires de cette nursery sont sauvés à 90 % et atteignent leurs dix ou onze centimètres en deux ans.

Pierre Darré a découvert que ses petites chéries avaient une passion pour le riz cuit qui agit sur elles comme une potion magique. Avec une simple poignée de riz, 20 000 écrevisses peuvent se mettre à table pendant quinze jours.

« Et je vais vous dire quelques chose, ajoute-t-il, d'un air docte : le riz leur donne bonne mine. »

Michel Guérard est aux anges : « C'est formidable ! L'ortolan, la bécasse, la palombe, tous nos grands symboles régionaux foutent le camp les uns après les autres ! Un label "pattes rouges des Landes", quelle revanche ce serait ! »

***

Sur le chemin du retour, dans un fond de campagne d'une lumineuse beauté, entre maïs et forêt, nous faisons halte chez le père Baduelle, dit Badu. À la retraite, cet aiguiseur de scies, qui vit seul dans une maison toute rose, est le plus célèbre pêcheur de la région. Il tire du Broustel et du Midour ses vingt kilos de brochet ou sa friture de goujons comme qui rigole, là où les autres ne ramasseraient que des nénuphars.

Quand son sac est plein, il remonte sur son vélo (« Moi, Monsieur, celui qui me fera monter dans une automobile, je vous le dis, il n'est pas encore né ») et va offrir sa pêche aux copains. Il est tellement intarissable qu'on croit qu'il va vous livrer tous ses secrets de pêche. Tintin ! Il vous avouera tout au plus une faiblesse pour l'asticot et quand on aborde le chapitre de l'amorçage, il prend l'air pénétré du grand initié aux mystères de l'au-delà : « Je suis seul à savoir. »

Mais il ne lui faut pas plus de deux minutes pour se mettre au parfum des médias. « Ah, vous faites le journaliste ? Alors, comme ça, je vais devenir une vedette ? » Au bord de la rivière où il a déballé son matériel, il prend d'emblée le commandement des opérations. « Mettez-vous là, ordonne-t-il à mon photographe. Je vais faire comme si j'étais en action mais, attention ! je ne pêche jamais en présence. »

Sur ces entrefaites débarque, moustaches au vent, Robert Garrapit, le cuisinier de Villeneuve-de-Marsan (vous le retrouverez bientôt) : « Alors, Badu, on concurrence Belmondo ? » « Dérange pas, répond l'autre, olympien. Ils vont me donner la couverture. »

***

L'étape suivante, c'est chez Bastellica, à Verlus, sur la route de Riscle. Ses dadas, à Bastellica, dit « La Fleur », ce ne sont pas l'écrevisse, le brochet ou la palombe mais la tomate, la salade et le haricot vert.

Il y a dix ans, il était ingénieur électronicien. Il a tout laissé tomber pour s'installer avec sa petite famille dans une baraque de style zonard au sommet d'une colline. Tout seul, il a pendant des années remué des tonnes de terre, drainé les sols, fait passer des tuyaux chauffants, monté des serres et aujourd'hui, il produit des légumes comme vous n'en avez sans doute jamais mangés. La tomate nouvelle de Bastellica, c'est le Château Margaux du légume. Il la sort vers le 15 avril, en avance de trois semaines sur tout le monde et quand vous l'avez goûtée, vous dites merci au bon Dieu et à Bastellica son prophète.

D'ailleurs, chez lui, tout le monde est végétarien. Y compris le chien, Riquet, qui ne lèverait pas la patte pour se faire un poulet. Assis à deux pas de la table où l'on nous a conviés, il guette les radis et les concombres d'un œil glouton.

Un repas de légumes, c'était depuis longtemps une de mes envies secrètes. Ici, cela touche à l'orgie. Les légumes de Bastellica, qui est en outre un excellent cuisinier, ont des goûts d'une violence incroyable, comme s'ils avaient capté les feux de la terre.

Son secret ? Pas de traitement mais le bon insecte qui chasse le mauvais. Je vous passe les détails et pour être franc, j'ai du mal à suivre Bastellica, qui a fait également des études de médecine, dans ses envolées sur l'anatomie comparée et la moralité biologique, les bienfaits de l'algue marine et sa technique de réchauffement artificiel du sol mais je retiens que quand la tomate de Marmande, qui ne vaut d'ailleurs plus grand-chose, se vend 6,50 francs le kilo, la sienne en coûte 8 et qu'il ne s'enrichit pas pour autant.

Il ne faut surtout pas parler à « La Fleur » de culture biologique : « Une vaste foutaise ! Des passéistes qui n'ont rien compris au progrès scientifique. Allez donc dans une boutique de produits naturels et regardez la gueule des vendeurs ! Vous aurez tout compris. »

Bastellica est un militant de l'antimilitantisme. Ça me plaît.

***

Après le potager, c'est le lendemain, la matinée du gras. Chaque jour, la Chalosse vit au rythme du marché du « gras », autrement dit les canards élevés pour leur foie.

Nous avons rendez-vous à Pomarez, à une trentaine de kilomètres d'Eugénie et il y a intérêt à ne pas traîner car le spectacle dure vingt à trente minutes, pas plus. La voiture passe à toute vitesse le long d'une prairie où paissent de gros moutons, tricotés à la laine vierge : « Dire que si j'étais resté à Asnières, dit Guérard, je ne ferais pas la différence entre un agneau mâle et une femelle ! Et pourtant la qualité du gigot change du tout au tout. Je plains les cuisiniers qui ne peuvent faire leur éducation au milieu des bêtes et des paysans. »

C'est comme pour le poulet, il faut savoir. Il y a encore en Chalosse des fermiers qui l'élèvent « sous le panier ». Pendant quinze jours, le poulet reste sous le panier et ne bouge plus. Nourri au lait et au riz, sa peau devient d'un beau blanc nacré et sa chair fabuleusement tendre. « Ça ne tardera pas à disparaître », dit Guérard, désabusé. Tout comme le pigeonneau de ferme, pourtant une vieille tradition landaise et bien meilleur, à ses yeux, que celui de Bresse dont la peau est trop grosse.

Il ne faut pourtant pas désespérer. Il a mis la main sur un éleveur qui a rapporté des États-Unis des pigeons américains auxquels l'air des Landes a formidablement réussi. Dans ce doux pays, ils croissent et embellissent avec des résultats stupéfiants de qualité.

À mesure que nous nous rapprochons de Pomarez, les élevages de canards se font de plus en plus nombreux. Le visage de Guérard s'illumine, la fierté landaise palpite sous le béret. « Ça, c'est une victoire ! Il y a vingt ans, on ne croyait pas au foie de canard. Puis on a commencé à en parler dans la presse, en particulier dans votre magazine, alors les fermiers ont commencé à s'y mettre et c'est devenu pour eux une mine d'or. Les maisons neuves, les vieilles fermes retapées, les voitures, la télé, tout cela, c'est le gras. Avant, c'était la misère. Mais ce qui leur a moins plu, c'est quand ils ont commencé à gagner des sous, on leur a demandé de payer des impôts. Ils ne savaient même pas ce que c'était ! Il a fallu s'y mettre et c'était dur. »

« Dites-moi, Michel, ça vous fait quoi d'être landais ? »

« C'est tout bête, ça fait de moi un homme heureux. »

Il est neuf heures pile quand nous arrivons devant les arènes couvertes où se tient le marché du « gras ». Une file d'une centaine de chariots bourrés de canards déplumés et dodus s'étire du milieu de la place jusqu'à l'entrée. C'est le « train du canard ». Chaque cargaison est rapidement pesée et en un tournemain, cinq mille canards, suspendus à des crochets, sont mis en ligne dans les arènes où, se glissant par les ouvertures, les rayons du soleil nimbent les chairs, qui vont du jaune à l'ivoire, d'une lumière fantasmagorique.

La cloche sonne, il va falloir aller vite. Les acheteurs galopent entre les pyramides, tâtent une croupe (si elle est ferme, c'est bon signe pour le foie) et si le lot plaît, le marché est conclu : « Combien t'en veux ? » « 37 » (37 F le kilo), « Je prends à 35. »

« D'accord. » Alors le vendeur donne une fiche sur laquelle il inscrit le numéro du lot, le nombre et le prix. La livraison se fait à la sortie.

D'un lot à l'autre, c'est le jour et la nuit. « Ceux qui travaillent bien, c'est toujours les mêmes », commente Léon Lafitte, le conserveur de Montfort-en-Chalosse, dont le coup d'œil est légendaire sur les marchés des

Landes. Normalement, les lots sont homogènes mais parmi les bons foies, il peut y en avoir de ratés et on s'en aperçoit seulement au moment du découpage. C'est la règle du jeu. D'ailleurs, la proportion du « très beau » varie selon les saisons : « 50 à 60 % en octobre, 80 % en novembre et seulement 30 % en août », estime le « Grand Léon ». Pourquoi tellement de loupés, alors qu'à 99 % ce sont des canards de la même espèce, des mulards, issus du croisement d'un Barbarie mâle et d'une cane commune ? (À propos, ils ne se reproduisent pas et, en outre, me dit Guérard « ce sont de fameux pédés ».) Les raisons à tant d'échecs sont tellement diverses – la qualité du maïs, les soins apportés au gavage, etc. – que ce n'est pas la peine de s'y attarder. Un grand foie, c'est comme une grande bouteille, jamais évident. Cela dit, les mœurs ont changé. Dans le bon sens. Guérard me raconte que jadis, le marché du gras, c'était la grande arnaque. Les acheteurs terrorisaient les paysans et s'entendaient entre eux pour leur imposer des prix de misère, sans parler des formidables embrouilles sur les poids réels.

Aujourd'hui, ce sont plutôt les paysans qui tiennent le marché. Pas question de les faire lâcher sur les prix et, à la saison des fêtes, hop, ça s'envole.

Les magouilles, il faut plutôt les chercher du côté de la grande distribution. Léon Lafitte s'étrangle de rage en évoquant le juteux marché de simples foies de canard, non gras, importés de Hollande et qui, malaxés, sont baptisés « foie gras », pour être vendus à la moitié du prix des vrais, même pas encore traités.

Le magret n'est pas non plus à l'abri des magouilles : « Les deux tiers du marché à l'exportation, dit Lafitte, sont composés de faux magrets. » Un mot magique le magret, dont bien peu de gens, finalement, savent ce qu'il veut dire.

Pour Léon Lafitte, l'« inventeur » du magret est un gersois, M. de Castagnac, qui, au début des années 1900, faisait prélever par sa cuisinière sur des canards gavés et ayant produit un foie gras, les deux gros filets de viande rouge, au niveau de l'aile, qui étaient ensuite grillés ou poêlés. André Daguin a remis à la mode cette recette oubliée et le succès a été foudroyant. Aussitôt, des petits malins ont baptisé magrets des filets prélevés sur des canards communs, non gras et qui n'avaient pas été élevés pour leur foie. Moins épais, moins goûteux, moins chers, une fois dans l'assiette, passez muscade !

Lafitte couve d'un œil tendre de père de famille ses magrets, en vrac sur la table. Puis il me glisse à l'oreille : « Il y a encore meilleur que le magret ! » Un morceau secret dans ce canard, dont on boulotte tout, à part le bec ? Eh bien oui ! Et c'est Guérard qui l'a trouvé. De part et d'autre du bréchet, ce sont les deux petites aiguillettes que, jusqu'alors, les conserveurs mettaient dans leurs rillettes. Guérard a eu, un jour, l'idée de les faire cuire et c'était tellement bon qu'il les a inscrites à sa carte.

Lafitte les fume légèrement et les a baptisés « filets mignon de canard ».

Il nous en apporte une assiette pleine. Avec un coup de lafite (Rothschild), ça passe sans qu'on ait l'idée de se plaindre.

Guérard rigole doucement : « Eh oui, eh oui... On est peut-être pas heureux en Chalosse mais on ne peut pas dire non plus qu'on est malheureux. »

Vous avez compris maintenant comment on peut devenir landais.

Et c'est encore plus simple quand on ajoute une petite touche pour rire.

De retour à Eugénie, Michel Guérard me met sous les yeux un cahier d'écolier dont les pages sont noircies d'une belle écriture « à la ronde », comme on savait le faire, jadis, dans les écoles communales. D'un air pénétré, il me dit : « Voici le cahier de recettes d'un cuisinier exceptionnel et méconnu, à qui je dois beaucoup : Joseph Hourneau qui abandonna la peinture pour les fourneaux. » Et d'ajouter : « Si vous pouviez mentionner son nom dans votre prochain guide, ça ne serait que justice rendue à sa mémoire. »

Je m'exécute. D'autres, toujours prompts à picorer dans l'assiette du voisin, rendent, à leur tour, hommage au grand Joseph Hourneau dont je m'aperçois vite qu'il est inscrit aux abonnés absents. Trois ans plus tard, Michel Guérard me fait cadeau d'une autre exclusivité : à l'origine de sa « cuisine minceur », qui est en train de faire le tour du monde, il y a une cuisinière extraordinaire, de la Haute-Lande, Marthe-Alice Pouypoudas, dont jamais personne n'a parlé. Son premier coup d'éclat se produisit lors d'une visite-pèlerinage au Mont-Saint-Michel. Descendue chez une brave petite hôtelière du coin, nommée Mme Poulard, elle réalisa dans la cheminée, sous les yeux de son hôtesse, une omelette incroyablement baveuse, comme elle avait l'habitude d'en faire chez elle, à Lencouacq. Finaude – et pas trop délicate – Mme Poulard la reprit à son compte et c'est ainsi que naquit la fameuse « omelette de la Mère Poulard» qui allait assurer sa renommée et sa fortune.

Par la suite, Marthe-Alice Pouypoudas, inquiète du tour de taille de son mari, qui s'arrondissait à vue d'œil, eut l'idée d'alléger à sa manière les recettes que lui avait léguées sa maman. Sa première réussite fut une daube landaise, basses calories (elle ignorait totalement le terme qui n'était d'ailleurs pas encore en usage), composée de cuisse de canard, pied de cochon, andouillette et légumes verts. Elle poursuivit avec des charlottes de lapereau au jus d'herbes (289 calories par personne, selon le calcul effectué bien plus tard par Guérard), un chou farci à l'ancienne (269 calories) et des pots de crème au chocolat (100 calories).

Les obsèques de M. Pouypoudas intervinrent plus tard que prévu, ce qui démontrait l'efficacité de ce nouveau mode alimentaire. Michel Guérard eut la chance de tomber chez un brocanteur de Mont-de-Marsan sur le cahier de recettes de cette Landaise d'avant-garde. Il y puisa sa première inspiration et l'on connaît la suite.

Après avoir publié cette très belle histoire, je partageai, avec Michel Guérard, l'agréable satisfaction de la retrouver imprimée çà et là.

C'est aussi comme cela qu'on devient landais.

Hachis Parmentier aux ris de veau et à la truffe

Un soir, à Eugénie-les-Bains, Michel Guérard me demande si je ne verrais pas d'inconvénient à partager mon repas avec les frères Dubarry, les fameux conserveurs de la « Comtesse du Barry ».

Ce sont deux gaillards taillés pour le rugby, pour qui la perspective d'engloutir en une fois ce qu'il nous faudrait une semaine à avaler n'est pas de nature à les faire trembler. Guérard leur a préparé une surprise à sa façon et, comme il m'a mis dans la confidence, je ne cesserai de les observer du coin de l'œil. De ce repas, dont ils sont sortis repus et enchantés, j'ai gardé la recette du hachis Parmentier aux ris de veau et à la truffe (pour 4 personnes).

La veille, mettre 220 g de ris de veau frais à dégorger pendant trois heures dans un récipient, sous un filet d'eau fraîche. Les égoutter, les plonger dans l'eau froide et faire bouillir à plein feu 3 min. Les rafraîchir à l'eau courante, retirer à la pointe du couteau les parties nerveuses et mettre les ris sous presse dans un plat au moyen d'un poids quelconque. Conserver la nuit au réfrigérateur

Le lendemain, tailler en petits dés 1 carotte, 1 blanc de poireau, 15 g de céleri-rave, 10 g d'oignon et 40 queues de champignons de Paris. Faire chauffer dans une cocotte une cuillère d'huile d'arachide et mettre les ris de veau. Les laisser colorer doucement. Ajouter alors les légumes, un bouquet garni, et faire blondir 5 min. Déglacer avec une cuillère à soupe de porto, une demi de cognac et laisser réduire une minute en grattant la fond de la cocotte. Ajouter un quart de litre de fond de veau (on en trouve tout préparé), un peu de gros sel et du poivre concassé, couvrir et cuire au four préchauffé à 200 pendant une demi-heure.

Passer la garniture de légumes et le fond de cuisson au mixer, passer la sauce et réserver dans un bol.

Auparavant, vous aurez épluché, coupé en petits morceaux 250 g de pommes évidées et fait cuire en compote dans une petite casserole. Vous aurez fait cuire dans un demi-litre d'eau 200 g de céleri-rave en morceaux avec 50 g de poudre de lait écrémé et un peu de sel. Mélanger alors la compote de pommes à la purée de céleri.

Égrener les ris de veau à la main, et verser dessus la sauce. Ajouter 10 g de truffe hachée (ou plus !) et une cuillère de jus de truffe. Émincer 2 petites carottes en rondelles de 2 mm d'épaisseur, les cuire 3 min à l'eau bouillante salée et les égoutter. Dans quatre petits ramequins, mettre les ris, la sauce, 25 g de lamelles de truffes et finir avec la purée de pomme, la purée de céleri et les rondelles de carottes. Recouvrir les ramequins d'une feuille de papier alu et, 20 min avant de servir, les réchauffer 15 min, à eau frémissante, dans un plat contenant un peu d'eau.

Sans s'étonner (ou trop polis pour en faire la remarque) que ce « Parmentier » ne comportait pas un gramme de pomme de terre, les frères Dubarry s'en fourrèrent jusque-là, comme d'ailleurs tout le reste du repas.

Quand, après le dessert, Michel Guérard leur révéla la vérité, ils en restèrent comme deux ronds de flan. Le « Parmentier » aux ris de veau ne dépassait pas 260 calories par personne et le dîner tout entier 950 calories, soit à peu près l'équivalent de ce que devait être leur petit déjeuner quotidien.

Ils se rattrapèrent méchamment, il est vrai, sur la bouteille d'armagnac.

YQUEM, PÉTRUS, LAFITE-ROTHSCHILD AU FOND DU VERRE

« Buvez donc un coup de flotte... », dit le baron.

« Faites-moi le plaisir de venir déjeuner jeudi en huit. Je vous ferai boire quelque chose que vous n'avez jamais bu dans votre vie. »

On ne se dérobe pas à une invitation du baron Élie de Rothschild, surtout quand elle s'accompagne d'une pareille promesse. Quelle surprise me réserve-t-il donc ? Je n'ignore pas que quelque part au fond des caves de Lafite-Rothschild, il en existe une, secrète, de quelques mètres carrés, où reposent de fabuleuses bouteilles de la réserve privée des barons.

Quand en 1940, les Allemands avaient occupé le Médoc, ils avaient raflé les trésors des châteaux les plus côtés et les domaines de la famille Rothschild avaient, évidemment, fait l'objet de leurs meilleurs soins. Placé sous séquestre, Lafite avait vu s'installer dans ses murs un état-major monoclé, de bonne race et bonne descente qui n'avait pas attendu pour faire main basse sur les flacons. Toutefois, ils n'étaient jamais arrivés à découvrir la cave aux trésors dont, par ouï-dire, ils connaissaient l'existence.

Le régisseur avait eu la présence d'esprit de la faire disparaître derrière un mur de vieilles pierres, si bien monté qu'il était impossible de soupçonner quoi que ce soit. À la fin de 1945, le baron Élie reprit possession de Lafite et quelques coups de pioche plus tard, il poussait un gros soupir de soulagement en retrouvant, intactes dans leur berceau de poussière et de toiles d'araignées, ses belles au bois dormant.

J'avais donc ma petite idée sur le genre de surprise qu'il réservait au cercle de privilégiés, conviés ce jeudi – mais je ne pouvais me douter de ce qui, réellement, nous attendait.

***

Des dégustations « historiques », j'en avais déjà connues quelques-unes, dont deux, en particulier, ne risquaient pas de se laisser oublier.

Nous avions parmi nos lecteurs un industriel belge qui était devenu un ami. Tous ses loisirs, il les consacrait à la chasse aux vieux millésimes de grands bordeaux, réservant dans son cœur une place particulière au Château d'Yquem. Sa quête du Graal avait empli sa cave de 67 millésimes, non pour les revendre plus tard chez Christie's, ni pour les laisser bêtement mourir mais dans l'idée qu'un jour, l'occasion lui serait donnée de les boire tous en bonne compagnie.

Le deuxième centenaire de la présence de la famille Lur-Saluces à Yquem servit de prétexte à la plus fabuleuse dégustation, jamais organisée dans le monde, du plus fameux des vins de Sauternes et du premier, on peut le dire, des vins blancs liquoreux de la planète. Notre ami nous accorda le privilège exclusif de réunir un jury, composé de grands amateurs belges, hollandais et français, à la condition expresse que son nom ne serait jamais cité dans nos colonnes. Seul l'amour de l'art animait ce généreux esthète.

Pendant deux journées entières, dans le salon particulier de Comme chez soi, le meilleur restaurant de Bruxelles, où Pierre Wynants avait mis son équipe de sommeliers à notre disposition, se déroula le défilé royal de 67 millésimes, de 1867 à 1980. Même le propriétaire d'Yquem, le comte Alexandre de Lur-Saluces, qui avait accepté d'être des nôtres, n'avait jamais été à pareille fête.

Un des invités fit mine, un moment, de calculer la valeur du pactole liquide qui se trouvait sur la table. Vingt, trente, quarante millions de centimes (de 1984) ? Sans doute, davantage. Il eut le bon goût, en tout cas, de renoncer. Dans un musée, on ne parle pas de gros sous. Un plaisir esthétique de cette qualité est inchiffrable et le mieux qu'on puisse faire est d'applaudir. Ce que, spontanément, notre petit cénacle fit, à ce spectacle qu'on ne reverrait sans doute jamais.

Imaginez un peu douze hommes – pas vraiment en colère ! – autour d'une table qui, pendant deux jours entiers (coupés par des repas également princiers) plongent le nez dans leur verre, une fois, deux fois, trois fois pour s'imprégner des arômes successifs et incroyablement complexes, allant, selon l'année, du jasmin au raisin de Corinthe, du coing mûr au tilleul et au miel, du tabac au pain d'épice ; qui font glisser délicatement sur la langue un liquide, tour à tour jaune paille, bouton d'or, orange foncé, ambre-cognac ou même carrément or sombre ; qui recommencent et recommencent en fermant les yeux pour mieux se concentrer ; qui recrachent dans un seau d'argent (ou s'en gardent bien) ces gouttes qui les font passer tour à tour de l'extase au contentement et rarement à la déception ; qui prennent des notes, les relisent, les corrigent, avant d'inscrire, de zéro à vingt – le verdict qui acquitte avec les félicitations du jury, relaxe au bénéfice du doute ou condamne sans appel.

Et quel spectacle rare de voir Alexandre de Lur-Saluces noter scrupuleusement les mérites de ses ancêtres, ayant même le courage de les fouetter, comme ce 1963, année catastrophique où l'Yquem n'aurait jamais du être mis en bouteille ou ce très suspect 1930 embouteillé en Belgique, alors que pour cette récolte, historiquement exécrable, il n'y avait pas eu d'Yquem commercialisé.

Maintenant si vous voulez que je vous offre de quoi rêver, faites donc un tour dans votre cave au cas où vous y auriez oublié quelques Yquem de 1975 – encore aujourd'hui, un grandiose avenir –, 1971 – riche et monumental –, 1947 – sublime et d'une fraîcheur encore inouïe –, 1945 – bouleversant, venu d'une autre planète –, 1937 – ravissant et sensuel –, 1929 – impérial, royal, enfin tout ce que vous voudrez –, 1921 – l'autre chef-d'œuvre du demi-siècle –, 1900 – fantastique de grâce et d'harmonie –, 1893 et 1868 – deux grands bonheurs du XIXe siècle... Mais attention, si vous tombez sur un 1867, courez vite chez Sotheby's ou Christie's : il ne vaut pas tripette. Cependant ne vous en faites pas, il y aura toujours un gogo pour payer cent fois son prix l'étiquette.

***

La main tendue, il arbore un radieux sourire. Moustache bien accrochée, tempes argentées, crâne légèrement dégarni – pas trop, juste ce qu'il faut –, le baron Élie est plutôt bel homme. Il a la raideur flexible qui, partout dans le monde, trahit le cavalier. Aussi à l'aise à valser sous les lustres en cristal qu'à jurer comme un charretier, les pieds dans la paille d'une écurie, il aurait fait un parfait mercenaire dans quelque guerre de Trente Ans. Bref, pas snob pour un sou, il est extrêmement sympathique.

Après avoir souhaité la bienvenue, il avertit notre petit groupe (cinq personnes, lui compris) : « Ne soyez pas surpris si je ne vous offre rien à boire. Mais prenez donc un coup de flotte et un petit morceau de pain, ça vous mettra en bouche. Soyez patient, notre ami ne va pas tarder à arriver. »

Cinq minutes plus tard « notre ami » apparaît, les deux bras chargés d'un paquet emmailloté comme un petit jésus à son baptême. D'une main experte, il le déshabille. Nous retenons notre souffle.

Alors apparaît une bouteille millésimée de l'année... Mais attendez la suite...

***

Ma seconde dégustation « historique » a suivi en 1988 une visite que j'avais faite à Libourne, à la fin des années 1960, chez le patriarche de Château Pétrus, le colossal Jean-Pierre Moueix autour duquel flottait déjà un parfum de légende. Il m'avait reçu dans un inénarrable bureau de sous-chef de service au ministère des Cultes, au temps de Courteline, où les employés en manches de lustrine écrivaient à la plume et actionnaient une manivelle pour obtenir une ligne téléphonique. Ce géant possédait une grâce enveloppante, irrésistible, et lorsqu'il parlait de Nicolas de Staël ou de Miró, dont les tableaux ornaient ses murs privés, ce n'était pas pour vous apprendre qu'il collectionnait leurs œuvres mais qu'il les aimait.

Sous le séducteur, il y avait aussi le Corrézien en chêne massif qui n'avait pas oublié qu'à l'orée des années 1930, son père venu quasiment en sabots, avec un vélo et un panier, tenter sa chance dans les vignes de Saint-Émilion, en avait bavé, comme il le fera lui-même, un peu plus tard. À cette époque, le gratin bordelais, ces messieurs du quai des Chartrons, honorait le négoce libournais d'un mépris poli mais indéfectible. Rien de nouveau à cela : ce n'était qu'un vieille tradition qui avait déjà valu, au XVIIIe siècle, aux malheureux vins du Libournais d'être deux fois plus grevés de taxes que leur concurrents du Bergeracois. Par la suite, la guéguerre s'était adoucie mais Bordeaux continuait à regarder de haut ce Libourne désespérément péquenot.

En faisant glisser la conversation sur ce terrain brûlant, je m'attendais à voir Jean-Pierre Moueix sortir de ses gonds. Mais non, ce fils de paysans-tonneliers avait préparé une réponse autrement subtile. Sur un coin du bureau, il y avait quelques bouteilles et deux verres. Il me proposa de les goûter. Ce n'était pas n'importe quelles bouteilles : rien que des premiers crus classés du Médoc et des Graves : Latour, Lafite-Rothschild, (Mouton-Rothschild n'avait pas encore décroché la timbale), Haut-Brion, Margaux et comme s'il s'était trouvé là par le plus grand des hasards, le petit Pétrus, humble vin paysan de Pomerol, cédé à la propriété au modeste prix de 46,40 francs. (Je rappelle qu'aujourd'hui, sur le terrain des tarifs, Pétrus bat tous les premiers crus.)

Les quatre premiers vins dégustés, loyalement choisis dans de grandes années, étaient superbes mais Pétrus, le petit cousin pauvre de ces grands seigneurs, explosait dans la bouche en un feu d'artifice somptueux de fruits noirs, de truffe et d'amande. C'était la réponse du berger à la bergère. Talleyrand n'aurait pas trouvé mieux.

Jean-Pierre Moueix se retira parmi ses chères peintures, laissant son fauteuil à son fils Jean-Jacques. Le nom de Pétrus franchissait les frontières. Les Américains, suivis par les Anglais commençaient à s'intéresser fortement à ce *wonderful wine* : une bouteille du sublime millésime 1961 allait être bientôt adjugée 11 000 dollars à Chicago, un seul verre du rarissime 1945 était vendu 800 francs dans de grands restaurants (nous sommes dans les années 1970...) et, très vite, on investira dans le Pétrus comme à la Bourse, à la différence près qu'on sera gagnant à tous les coups.

Toutefois, il en aurait fallu bien plus pour tourner la tête de la famille Moueix dont la modestie était la forme la plus sûre de son orgueil. Une modestie soigneusement cultivée, jusqu'à laisser aux autres le soin de baptiser « châteaux » les moindres bicoques de garde-barrière. Le roi du Pomerol avait sa dignité et c'était même sa coquetterie de vous mettre sous les yeux, lorsqu'on foulait pour la première fois le pied de ce sol sacré, une maisonnette aux volets turquoise, posée au bord de la route, qui aurait fait le bonheur d'un couple de retraités de la SNCF. Seul ornement, à l'intérieur, où nul ne résidait, le portrait de Marie-Louise Loubat, bourgeoise libournaise, héritière de ce petit domaine de 11,5 hectares (contre 70 à Mouton-Rothschild et 188 à Yquem), créé au XVIIIe siècle.

La bonne dame avait passé un accord de distribution avec les Moueix qui, de ce jour étaient devenus patrons de fait. Succédant à Marie-Louise, sa nièce Lily Lacoste, qui se trouve aujourd'hui en 2006, au cœur d'une sombre bataille judiciaire, dont la famille Moueix se serait bien passée, s'empressa de céder à Jean-Pierre Moueix la nue-propriété de 51 % de Pétrus. Cette fois, le domaine était à lui ! À présent, âgée de quatre-vingt-dix ans, Lily qui n'a jamais rien compris aux affaires et s'est retrouvée entre les mains de certains « hommes de confiance » – si vous voyez ce que je veux dire – n'a plus qu'à disparaître, avec pour seule consolation le souvenir, escamoté, d'un des plus fabuleux vignobles du monde.

Pardon pour cette digression mais si l'on sait qu'aujourd'hui une caisse de douze bouteilles de Pétrus 1967, qui n'est pas le millésime le plus exceptionnel, s'adjuge autour de 30 000 euros, celle-ci n'était sans doute pas inutile.

Donc, un jour de 1988, je me retrouve dans la bicoque aux volets turquoise au milieu d'un prestigieux jury de dégustateurs dont le célèbre professeur Ribereau-Gayon et l'œnologue de Pétrus, Jean-Claude Berrouet, véritable sorcier des ceps. Goûter et comparer onze millésimes de Pétrus est plus qu'une curiosité : un exploit. La production est trop petite (40 000 bouteilles dont 70 % filent à l'étranger) pour que les Moueix s'amusent à arroser les journalistes et les curieux. C'est d'ailleurs un collectionneur bordelais qui souhaitant garder l'anonymat nous a offert ce trésor. La cave de Pétrus a perdu la mémoire : jusqu'à sa mort en 1961, Mme Loubat avait négligé de conserver la moindre vieille bouteille !

Cette fois encore, un des participants tente d'évaluer la fortune que nous allons engloutir. S'apercevant que ce n'est pas du tout le genre de distraction qu'on se permet chez les Moueix, il ravale vite son impair.

La proclamation des résultats ressemble à l'ordre du jour de Napoléon au lendemain d'Austerlitz. Des 18 sur 20 en pagaille mais aussi plusieurs 19 et même deux 20, pour le 1971, explosant sur la truffe et la mûre et pour le 1970, bien que jugé « trop jeune » et dont Jean-Jacques Moueix affirme qu'il faudra attendre au moins l'an 2012 pour l'apprécier totalement !

Conclusion : c'est l'œnologue Jean-Claude Berrouet qui la formule : « Voulez-vous que je vous dise, eh bien ! Pétrus, c'est un vin sympathique. »

Un exemple d'*understatement* à la Moueix.

***

« Oh ! »

Je ne sais plus qui l'a lâchée mais l'exclamation, répétée deux fois, valait pour toutes les personnes présentes, à l'exclusion, bien sûr, du baron Élie qui savourait d'un air modeste, sa victoire.

Sur l'étiquette de Lafite-Rothschild se détachaient quatre chiffres inimaginables : 1797.

« C'est le plus vieux millésime que nous ayons jamais eu. Il n'en reste plus que sept exemplaires. Nous en avons trois de 1798 et une seule de 1802 », explique le baron qui ajoute :

« Prenez vos verres et on verra bien. »

Le directeur du domaine enfonce précautionneusement son tire-bouchon et le liquide s'écoule goutte à goutte. Il ne faut jamais brusquer un deux fois centenaire. Un grand silence s'abat sur les dégustateurs qui, timidement, rapprochent le nez, comme s'ils craignaient que le Lafite ne s'envole, puis l'enfoncent bravement comme pour une inhalation.

Le parfum est discret mais tout de même inouï. La framboise, la fraise, la mûre, le cassis et surtout, au milieu de cette cueillette qui pourrait bien être du matin, sous la rosée, l'exquise violette sauvage dont un Lafite ne saurait se passer : tout y est, miraculeusement.

Arrive alors le grand moment, la minute de vérité. Chacun porte à ses lèvres le précieux nectar, en recueille une première gorgée, puis après un court moment de surprise, une seconde.

Plouf ! Patatras ! Ce n'était qu'un mirage. Après la radieuse victoire, la déroute en rase campagne.

« De l'eau rosée », lâche le baron Élie.

On ne peut tout de même pas se quitter sur un aussi cruel échec.

Une idée me vient : « Oui, sans doute... Mais est-ce que vous vous rendez compte que nous venons de respirer l'air de 1797 ? N'est-ce pas fabuleux, inoubliable ? »

L'argument porte. Chacun, alors, de rassembler ses souvenirs scolaires, confortés par l'arrivée rapide d'un dictionnaire Larousse. 1797… l'année où Barras, le « roi des pourris », confie le commandement des armées au jeune Bonaparte, qui défait les Autrichiens à Rivoli. 1797… Bonaparte, toujours lui, assiège le Conseil des Anciens et le Conseil des 500, où se manifeste quelque velléité de rétablir la monarchie. Le Directoire est sauvé !

Bonaparte l'abattra deux ans plus tard. 1797… La France s'ébroue délicieusement dans les marais de la corruption, des intrigues politiques, des combines scélérates, des fortunes malodorantes, du désintérêt du peuple, écœuré, envers la chose publique et tandis que la province ne mange pas à sa faim, Paris est plongé dans le plaisir. 1797… La jeunesse dorée des Incroyables et des Merveilleuses trépigne sous les galeries du Palais-Royal, hante les tripots, les bordels, les bals publics et se pavane dans l'Allée des Veuves, aux Champs-Élysées, perruques blondes, bleues ou vertes pour les femmes, énormes cravates cachant le menton et cheveux « à la chien » sur les oreilles, pour les hommes. 1797… Mme Tallien, Mlle Lange, la citoyenne Beauharnais accueillent à draps ouverts royalistes, jacobins repentis, agioteurs de tout poil et entre les dames de grande vertu et celles de petite, une chienne n'y reconnaîtrait pas ses petits.

1797… Oui, tout cela était dans la bouteille. C'était l'histoire, en primeur, que nous venions de respirer.

Le directeur de Lafite qui, jusque-là, s'est tenu coi, s'autorise alors à ouvrir la bouche : « Il faut que je vous dise… L'air de 1797, euh… Le bouchon était en très mauvais état. Il a fallu le retirer et en mettre un neuf. »

LA FIÈVRE DE L'OISEAU BLEU

« Fermé pour cause de palombe »

« Boudiou ! Elles arrivent ! »

L'homme tranquille en costume du dimanche qui, quelques instants plus tôt, prenait un air de circonstance dans la chapelle de Duhort-Bachen où le curé aspergeait d'eau bénite le front de la petite Guérard en robe de baptême, est devenu comme fou. Le visage plaqué au ciel, la bouche ouverte de concupiscence, il vient d'être frappé du haut mal landais, la terrible « palombite », qui vide les villages, met des gaillards pétant de santé en congé maladie, coupe les familles en deux, arrache les pères à leurs enfants, claquemure les femmes dans leur foyer, ferme les boutiques, désorganise l'administration et ainsi de suite depuis la première lune d'octobre jusqu'au 15 novembre.

Comme des milliers et des milliers de Gascons des Landes, de Gironde, du Gers, et des Pyrénées, voilà notre homme saisi par la « fièvre bleue » : les premiers vols de palombes déferlent sur le Grand Sud-Ouest.

Quand on s'appelle Robert Garrapit, impossible d'y résister. Vous l'avez croisé, il y a peu, sur les rives du Midour où il était venu faire une petite visite à ses amis Badu, le grand pêcheur, et Michel Guérard. Un cas, le Garrapit. Vous voyez à peu près à quoi ressemblait Porthos : moustaches à la mousquetaire et barbichette en pointe, à la Napoléon III, bedaine brandie en avant, comme une rapière, rire à faire tomber les casseroles. Eh bien, c'est lui, en un peu plus court sur pattes. Il est le goûteur préféré de Guérard. Appelé en urgence, il donne ses consultations sur le quartier de cochon, fraîchement rapporté de la ferme, le madiran découvert l'autre jour ou le dernier plat créé dans les cuisines d'Eugénie-les-Bains. Ses papilles ne le trompent jamais et comme il est incapable de mentir (en tout cas quand il s'agit de bonne bouffe), on peut lui faire confiance : la prudence et le parler faux ne risquent jamais de l'étouffer.

On se délecte de ses mots (involontaires). Par exemple : « Moi, Monsieur, je marche la tête haute. Personne ne me doit de l'argent. » Présentement, il vient de lâcher, sous mes yeux, le cortège de parents et d'amis qui se dirige à pied vers la demeure de Michel et Christine Guérard où attendent champagne, petits-fours et bien d'autres petits plaisirs qui nous retiendront jusqu'à tard dans la soirée. Malgré toute l'affection qu'il a pour nos hôtes, Garrapit a craqué.

C'est chaque année la même chose. Où qu'il se trouve et quelle que soit ses occupations, il laisse tout tomber quand le ciel se couvre du nuage bleu des grandes volées et on ne le voit plus pendant des jours à son Hôtel de l'Europe, à Villeneuve-de-Marsan où un de ces quatre, suivant l'exemple d'un de ses collègues, il accrochera sûrement à sa porte un écriteau avec cet avertissement : « Fermé pour cause de palombe ».

Moi, en tout cas, je saurai où il est puisqu'il m'embarque bientôt avec lui chez son copain, Dédé, entre Gabarret et Barbotan. Dédé est à l'oiseau bleu ce que Badu est au brochet.

Pour être franc, je ne suis pas fou de chasse. Je la tolère pour les autres, tant que ça n'est pas du carnage, style présidentiel ou chasse « à la journée » avec malheureuse volaille lâchée la veille. Ce qui, surtout, m'insupporte, ce sont les chasseurs. Enfin, certains. Je ne connais rien de plus déprimant qu'un repas de chasse entre un promoteur immobilier et la maîtresse du député. Cela donne envie de donner un « Holland and Holland » à un lièvre.

Mais quand on se retrouve, au milieu des pins, des chênes-lièges, des cèpes qui se poussent du col dans la mousse et des fougères aux couleurs du feu d'automne, avec une demi-douzaine de bonshommes qui déballent leurs confits, leurs vieux armagnacs et leurs bonnes histoires, c'est autre chose.

La « casse à la paloume » est, en Gascogne, le grand rendez-vous de l'année depuis au moins le XVIIe siècle où, pour la première fois, est fait mention des « ruses innocentes dans lesquelles on prend les oiseaux de passage ». Henri IV, *lou Rey de France, lou nouste Henric*, qui ne chassait pas seulement les poulettes de grain, était certainement au fait d'une technique très particulière inventée par les moines de Roncevaux : la chasse à la pantière, calquée sur l'attaque éclair, « par en dessous », de l'épervier qui présentait à l'adversaire son ventre blanc. Les moines projetaient en direction des escadrilles d'oiseaux, en provenance des pays de la Baltique, des palettes de bois peintes en blanc, ressemblant au ventre de l'épervier. Apeurées, les palombes plongeaient vers les cols où les attendaient les rabatteurs avec leurs filets.

De nos jours, dans les Pyrénées, on chasse toujours mais de plus en plus rarement, à la volée mais à l'aide de filets verticaux, dans des postes de guet pouvant atteindre des hauteurs vertigineuses et aussi convoités qu'un balcon à Monte-Carlo le jour du Grand Prix. Dans le Gers et le Lot-et-Garonne, on raffine moins. On pratique, le plus volontiers, la chasse au fusil, à l'aide d'appeaux vivants – des « malgré eux », les pauvres – dont les appels et les battements d'ailes font poser les vols sauvages.

Le fusil est bien présent, aussi, dans les Landes où les filets horizontaux, les « pantes », sont de tradition, avec tout un fourbi mécanique de poulies, de traverses de bois, de fils de fer, plus une « raquette » –, le perchoir mobile sur lequel on attache le malheureux « collabo » de service et que l'on hisse jusqu'à la cime des arbres.

En bas, sur le « sol » – une surface plane d'une cinquantaine de mètres –, des récipients remplis d'eau et des grains de maïs se chargent d'inciter le « passage » à se poser. Et alors, « Putain, ça y est ! », « Pan, pan ! » et il n'y a plus qu'à se baisser pour ramasser. Signalons quand même qu'on peut passer une journée sans que rien n'arrive. On a beau « prélever » – comme on dit pudiquement dans les fédérations de chasse – plus ou moins 5 millions de pigeons ramiers chaque année (à propos, j'avais oublié ce détail : *nouste paloume est* le ramier, au plumage gris bleu et de 500 g en moyenne, qui, à la saison des migrations, fait crou-crou sur nos toits et dans nos squares, sans qu'on en fasse toute une histoire), les tableaux de chasse sont souvent moins brillants que les souvenirs de chasse.

Un peu déçu, le *paloumeyre* ne se laisse pas abattre pour autant. Oui, bien sûr, il est là pour tirer des palombes... Voire... Quand on se retrouve dans une palombière pour la première fois de sa vie, derrière son camouflage de fougères, de brandes ou de genêts et qu'on y est bien au chaud, autour du poêle à bois, à raconter des bêtises auprès d'une garbure au salé d'oie qui mijote sur la gazinière et que vous attend une table, bourrée jusqu'à la gueule de bocaux, de paniers de cèpes, de croustades et de bonnes bouteilles, on a comme l'impression que personne n'en voudrait aux palombes de continuer leur petit bonhomme de chemin vers leurs clubs de vacances au Maroc ou au Sénégal. Sans parler des soirées où, parfois... il y a, comme qui dirait, « de la visite ». Des colombes plutôt que des palombes. Et pour ce qui est de la blancheur... Mais non, mais non, cela ne peut être vrai. Ce sont des racontars. Ce n'est donc pas vrai.

La palombière de Dédé est l'une des plus cotées des Landes et on n'y invite pas n'importe qui. Garrapit est l'une des bonnes clés du trousseau qui en ouvre la porte. Une façon de parler car il n'y a pas de porte dans ce Fort Knox de la palombe qui est un enchevêtrement complexe de couloirs de plusieurs centaines de mètres, faits de branchages et couverts par un toit de fougères et d'aiguilles de pin, d'aires d'« atterrissage » ratissées chaque matin, où l'on dépose les graines, de postes de guet reliés par walkie-talkies et d'un ensemble d'une trentaine d'appeaux montés dans les arbres et redescendus le soir. Ici, pas question de tirer un coup de fusil. On pratique l'art de la « casse » à l'ancienne, c'est-à-dire au filet, pour capturer les oiseaux vivants.

Pour nous, il ne se passe rien de la journée, sinon, un passage qui, à tire-d'aile, file plein sud sans demander son reste. Et, bien sûr aussi, les verres qui se vident, les estomacs qui se remplissent et par là-dessus le rire, qu'on pourrait découper en grosses tranches, du sieur Garrapit.

Vers les six heures du soir, une exclamation : « Putain ! Il y a du retour ! » Sont-ce bien les mêmes qui ont fait demi-tour, en arrivant devant les Pyrénées ? En tout cas, un vol vient de se poser sur les arbres. On en dénombre, à vue de nez, une cinquantaine qui, d'ailleurs, n'ont pas l'air du tout pressées d'aller se restaurer en bas. Il faut dire que le maïs dans les champs et les glands dans la forêt font aux *paloumeyres* une sévère concurrence qu'il serait quand même déplacé de dénoncer comme déloyale.

Les fourchettes et les verres, eux aussi, se sont posés. Silence total. À peine le droit de respirer. Le chef de cabane saisit l'appeau, une palombe aveuglée par un capuchon, ficelée à une raquette et la fait descendre et remonter plusieurs fois de suite. Il accompagne son manège d'une savante roucoulade. C'est le moment de lâcher les « piocs », les appeaux aux pattes entravées qui s'en vont picorer sur le « sol ».

Là-haut, sur leurs branches, les visiteuses ne bronchent pas. À croire qu'elles pressentent un danger.

Mais alors, pourquoi ne s'envolent-elles pas ? Seraient-elles si naïves, alors qu'un prodigieux instinct les dirige à travers l'Europe et l'Afrique ? Une demi-heure s'écoule et les ruses soi-disant « innocentes », dont parlaient les vieux textes, viennent à bout de leur méfiance. Pas pour toutes car elle ne seront pas plus d'une douzaine à se décider enfin à se poser sur le « sol ».

J'aimerais en apprendre davantage sur la société des ramiers, qu'à voir voler on pourrait croire rigoureusement semblables. Y aurait-il, comme chez nous, des individus un peu plus « égaux » que d'autres et une répartition bien injuste de l'intelligence et de l'instinct, de la sottise et de la crédulité ?

Pour cette douzaine de pauvres innocentes, le beau voyage est terminé. Le chef de cabane a saisi la tirasse et d'un coup sec, le filet s'est rabattu sur les oiseaux qui se débattent dans un nuage bleu, tandis que leurs compagnons s'enfuient à toute vitesse. Tout le monde sort de la palombière et, à voix haute, la vie reprend ses droits. Sauf pour les prisonnières, vite fourrées dans un sac en jute avant d'être bientôt étouffées. À l'exception, toutefois, des plus jolies qui, serviront d'appelant, une prochaine fois.

C'est le moment de fermer la cabane. De retour à la ferme, les nouvelles captives vont comme leurs congénères prisonnières, recevoir une becquée peu ordinaire. C'est Dédé en personne qui, leur ouvrant le bec, l'une après l'autre, en un bouche à bouche où l'homme et l'oiseau ne font plus qu'un, leur recrache au fond de l'estomac, une bouchée de ces fèves dont les palombes raffolent.

Les femmes retrouvent leur mari, les enfants leur père. Un simple entracte que bientôt la nuit avale.

Dans le rêve des hommes, jamais rassasiés, vole un bel oiseau bleu.

LES CÈPES DU PÈRE AUGUSTIN

Ce diable d'homme trouvait toujours l'introuvable

Dans le Sud-Ouest, le cèpe colle la fièvre. Pas autant que la palombe mais pas loin.

« Je vais vous raconter une belle histoire, une vraie », précisa Maurice Coscuella, après nous avoir servi des têtes de cèpes, farcies de poitrine de porc, de lard et de jambon sec, un plat dont son grand ami Lucien Vanel, qui lui en avait passé la recette, disait sobrement qu'il était « la quintessence des préparations à base de cèpes ». La vérité vraie car c'est pur sacrilège, comme on le fait pourtant dans la majorité des restaurants, de servir, escalopés, la tête et le pied. Un Gascon ou un Périgourdin de bonne extraction ne se permettrait jamais de mettre aussi vulgairement les pieds dans le plat.

Je vais faire plus vite que le délicieux Coscuella qui cachait au plus profond des arcades de la petite place de Plaisance-du-Gers, à une vingtaine de kilomètres de Castelmore, le château de Charles de Batz, le vrai d'Artagnan de l'histoire, un fameux talent de cuisinier. Et aussi un bégaiement qui, loin de le gêner, bien qu'allongeant notablement ses récits, contribuait à la réputation de ce pittoresque personnage. C'est le moins, n'est-ce pas, de qualifier de « pittoresque » un admirateur inconditionnel de Michel Guérard qui, un beau jour, au pays de l'oie et du canard, nous a sorti un soufflé de foie gras froid au jurançon, garanti – par lui – « 100 % diététique ».

Donc, il était une fois un ramasseur de champignons, le père Augustin qui n'avait pas son pareil pour dénicher les plus beaux cèpes de la forêt, quand tous les autres retournaient à la maison leur panier vide ou pauvrement garni. Tête noire, de « nègre », ou blonde – au pied des pins –, en forme de parapluie ou bien d'ombrelle, le Prince Noir de la forêt gasconne n'arrivait jamais à échapper à sa sagacité et à sa connaissance quasi magique des sous-bois. Le cèpe a sauvé du malheur bien des pauvres gens et le père Augustin était de ceux-là qui bouclaient les fins de mois difficiles en approvisionnant les restaurateurs du coin quand ceux-ci, à court, étaient prêts à payer n'importe quel prix.

Même quand le temps n'y était pas ou que la saison n'était pas porteuse, ce diable de bonhomme trouvait l'introuvable.

Il avait son « coin », comme beaucoup, mais alors, le sien, de coin, semblait recéler des réserves inépuisables. C'était à ne rien comprendre. Aussi, les jaloux et les curieux ne manquèrent pas d'essayer de percer le secret du père Augustin.

Quand il le voyait partir, un grand panier à chaque bras, ils le filaient au plus profond de la forêt mais chaque fois, le bonhomme leur échappait ou bien les menaçait de son bâton et les espions finissaient par se décourager.

La chasse miraculeuse ne s'arrêta qu'avec la crise cardiaque qui expédia le père Augustin au cimetière, laissant derrière lui une femme et une fille.

C'est à la fille, Marie, qu'une fois les obsèques passées, Coscuella s'enhardit à poser la question qui lui brûlait les lèvres : « Et alors, maintenant qu'il nous a quittés, vous pouvez bien me dire la vérité. Son coin à cèpes, il était où ? » « Écoutez, répondit Marie, mon père vous aimait bien et je ne pense pas qu'il m'en voudrait. Son fameux coin à cèpes ? Suivez-moi, je vais vous montrer. »

Ils firent ensemble le tour de la ferme et, à cinq minutes de marche de là, s'enfoncèrent au plus profond d'une remise en piteux état, encombrée de carrioles et d'instruments divers. Soulevant une botte de paille, Marie mit au jour une trappe. « Faites attention, prévint-elle, l'escalier est raide. »

Au bout de la cave, plongée dans l'obscurité, il y avait une grande porte de bois. Elle sortit une grosse clé de la poche de son tablier et l'ouvrit. Un soupirail laissait passer une faible lueur. Suffisante, malgré tout, pour distinguer, en écarquillant les yeux, une montagne de cèpes qui, s'allongeant sur plusieurs mètres, surgissait d'un magma de paille, de feuilles mortes pourries et de fumier de cheval et peut-être bien, de mouton.

Il était là le coin secret du père Augustin qui, pendant des années, s'était payé la tête du pays tout entier.

Oui, mais comment s'y prenait-il pour faire pousser des cèpes, en dehors de leur milieu naturel, alors que les chercheurs du monde entier, multipliant les essais sur le mycélium, s'y étaient jusqu'à présent cassé le nez ? Il y avait forcément un truc.

« Çaaaa, ou... ou... oui... Un tttt... ru... tru... » confirma Coscuella.

« Dites-nous, Monsieur Coscuella, est-ce que, par hasard, vous ne viendriez pas de nous raconter une blague ? »

Son bégaiement redoublant de vigueur, il articula : « Uuuu... ne b... b... b... lague... Ou... ou... oui. » Et d'ajouter sans la moindre hésitation, comme le font souvent les bègues, après un gros effort : « Elle était bien bonne, non ? »

Avec des variantes, la même histoire du cèpe miraculeux, je l'entendrai par la suite en Corrèze, en Bourgogne, dans le Haut-Var. Bref, partout où pousse le cèpe, il y a un père Augustin, dont l'histoire a le don de vous suspendre aux lèvres de celui qui la conte.

Les têtes de cèpes farcies

Un gros cèpe par personne, largement chapeauté. 100 g de lard gras salé, 100 g de poitrine de porc, 1 talon de jambon sec, légèrement rance, 2 gousses d'ail, 2 œufs, 150 g de pain rassis, 150 g de crème fraîche épaisse, 40 cl de bouillon de poule, huile, lait.

Nettoyer les cèpes sans les laver. Trancher les queues. Hacher à la moulinette le lard, le porc, le jambon, les queues de cèpes, le pain ramolli – pas trop – dans le lait et l'ail. Mélanger le tout en ajoutant les œufs, le sel, le poivre et garder au frais pendant deux heures. Huiler un plat en terre, le tapisser de feuilles de châtaignier (ou de vigne) et poser les têtes de cèpes, la partie bombée vers le bas. Un peu de sel et un trait d'huile sur chaque tête. Mettre au four très chaud pendant 10 min. Retirer, étaler une couche de farce sur chaque tête de cèpe et remettre au four pour gratiner la surface de la farce. Verser dans le plat le bouillon de poule et la crème. Recouvrir d'un papier alu et continuer la cuisson à four très doux pendant une heure et quart.

Avaler la dernière bouchée en ayant une pensée pour Lucien Vanel, Maurice Coscuella et le père Augustin.

SAUMON DE L'ADOUR, AGNEAU DE PAUILLAC, CAVIAR DE GIRONDE

Les produits de la nostalgie reviennent

Le meilleur saumon de ma vie, je l'ai raté dans le gave d'Oloron entre Navarrenx et Sauveterre-de-Béarn. Mais je l'ai mangé à Saint-Jean-Pied-de-Port, chez Firmin Arrambide, le cuisinier, à mon avis, le plus doué du Pays basque.

Tartiné, pour le confire, d'une fine couche de graisse d'oie qui lui donne une onctuosité incomparable, le saumon de l'Hôtel des Pyrénées n'est pas sans rappeler la fesse d'ange, pour peu qu'on ait déjà goûté à de la fesse d'ange.

En fait, je n'avais pas du tout l'intention de vous parler du saumon de l'Adour quand je me suis rendu compte que je tirais peut-être un peu trop sur la corde de la nostalgie. Il serait bon, me dis-je, d'envoyer le long fleuve tranquille du passé faire un tour ailleurs et de s'occuper du présent.

Le présent n'est pas toujours aussi moche que les comparaisons avec les temps bénis – on les appelle ainsi parce qu'on ne vit plus dedans – le laissent supposer.

Un exemple : le saumon.

Jusqu'à la guerre de 1914, il y en avait une telle quantité dans les eaux pures de l'Adour et des Gaves que les ouvriers agricoles, dont ce poisson était la pitance quotidienne, avaient fini par exiger, au moment de l'embauche, de ne pas en manger plus d'une fois par semaine. Au début des années 1960, on en pêchait encore une vingtaine de milliers. Braconnage, barrages, pollution : le gave d'Oloron – pour ne citer que lui –, considéré comme la plus belle rivière à saumon d'Europe, se vida bientôt de ses trésors et dans les années 1990, la capture d'un saumon devenait presque un événement, à rapporter dans la presse locale. Aujourd'hui, l'espoir renaît. Ce n'est pas encore flambant mais les efforts – échelles à saumons, usines polluantes fermées ou modifiées – commencent à payer. En 2003, près de 40 % de captures de plus que la moyenne des dix dernières années et le bon mouvement s'accélère. Évidemment, avec un peu moins de 4 000 prises dans l'année, on est loin de l'Irlande, de l'Écosse ou de la Norvège, dont les rivières se sont dépeuplées mais pas aussi tragiquement que les nôtres et où se maintient fermement la tradition exclusive de la pêche sportive, alors que dans l'Adour, c'est la pêche au filet qui l'emporte et n'a pas fini de progresser.

Les pêcheurs à la ligne sont furibards : le filet, ce n'est pas du jeu. Pour sauver le saumon, il faut arrêter cette activité que la France est la seule à vouloir poursuivre.

Il est vrai que la ligne menace beaucoup moins

l'espèce. Né dans un torrent, le saumon y reste deux ou trois ans, puis son instinct le pousse à rejoindre l'océan où il se développe, avant d'être rattrapé, six, huit ou dix ans plus tard, par ses souvenirs d'enfance qui l'expédient tout droit vers les torrents de sa naissance, pour s'y reproduire d'avril à juin. En revenant dans ses rivières, une drôle de chose se produit : il perd l'appétit. Avant d'en trouver un qui saute sur l'hameçon, de l'eau va couler sous les ponts.

Mais il y a bien pire que le filet : c'est le monstre dont on nous menace. Un saumon transgénique qui, avec son hormone de croissance, pourrait atteindre des poids faramineux si on le laissait grandir. Et pour couronner le tout, son introduction dans les rivières ferait tout bonnement disparaître les populations sauvages.

On me fera valoir que ce ne sont pas à proprement parler de bonnes nouvelles. Oui, sans doute mais le Moby Dick en livrée argentée qui frétille dans les gaves, on ne le verra peut-être jamais, alors que notre précieux Salmo salar, dont la chair rose ou nacrée (cela dépend de la couleur des crevettes qu'il a inscrites à son menu) nous revient après une longue absence.

***

Henri IV vous le confirmera : il n'est point de meilleur bœuf que le bœuf gras de Bazas. Mille kilos, et quelque fois plus, d'ineffable gourmandise.

Élevé pendant cinq ou six ans dans la forêt landaise puis engraissé à l'étable, il a une robe d'une jolie couleur grise, n'est pas bien grand pour un poids pareil et son ossature est étrangement fine, mais il bat toutes les autres races par son rendement en viande. On ne sait pas trop d'où il nous arrive : sans doute de la péninsule Ibérique, comme le peuple des Vasates qui fonda Bazas, au sud de Langon. À ceux qui s'intéressent à la généalogie bovine, je précise que c'est un proche cousin du toro landais qui, jadis, se promenait en liberté sur les dunes du littoral. C'était déjà une vedette au XIIIe siècle quand Édouard Ier, roi d'Angleterre et duc d'Aquitaine, décréta que les bouchers de la ville devaient chaque année offrir un bœuf gras à l'évêque. Sept siècles plus tard, la fête continue, le jour du mardi gras, sur la place des Tilleuls où sont acheminés quinze bœufs choisis parmi les plus beaux, pomponnés, lustrés, les sabots cirés, les cornes enrubannées et abondamment fleuries.

« *Porteras une intercoste* », disait-on en patois... « Tu me rapporteras une entrecôte. » Plat du samedi, plat de fête, l'entrecôte de Bazas, au goût de noisette, cuite à la braise et qu'on parsème d'échalotes hachées est devenue rien de moins que la célèbre entrecôte bordelaise.

Je vous préviens : vous n'avez quasiment aucune chance d'en trouver chez votre boucher. De 80 000 têtes au début du siècle dernier, le cheptel ne compte plus que 4 000 mères qui mettent bas chaque année un peu moins de 500 petits veaux. En allant sur place ou en faisant des grâces à des restaurateurs « branchés Sud-Ouest », on parvient, avec beaucoup de chance, à harponner un morceau de cette viande extraordinairement goûteuse, aboutissement d'un travail méticuleux et d'un régime intensif à base de seigle, de son, de farine d'orge, de regain à volonté. Il lui arrive de grossir de deux kilos en une journée !

Tout cela pour vous dire que ce joyau à quatre pattes qui pourrait devenir notre bœuf de Kobé (vendu au Japon à prix d'or) a bien failli disparaître définitivement du paysage gascon : trop de travail pour, à la vente, des écarts de prix trop étroits. Il n'empêche que, grâce à la passion de quelques éleveurs et de quatre bouchers, il est toujours là, dans sa robe haute couture, brossé deux fois par jour et massé amoureusement.

***

Ma troisième bonne nouvelle : par la seule volonté d'un homme, Domingo Reyes, Pauillac a retrouvé ses agneaux.

L'agneau de Pauillac, que jadis nombre de châteaux avaient dans leur bergerie, devenait introuvable. Le désherbage chimique des vignes, adopté sans sourciller à Pauillac, avait signé l'arrêt de mort de ces brebis qui pâturaient entre les rangs, apportant par leur fumure le meilleur des engrais. Des bergers des Pyrénées arrivèrent alors, à la saison d'hiver, avec leurs troupeaux, pour les faire paître dans les vignes du Médoc et du Sauternais. Au fil des ans, ces bergers sans terre trouvèrent un autre emploi (éventuellement une épouse) en Gironde et, si la dénomination « Agneau de Pauillac » subsistait et qu'on en produisait un peu sur quelques autres communes, il n'y en eut bientôt plus un seul à Pauillac !

Vigneron et éleveur, Domingo Reyes a relevé le défi, il y a quelques années, en donnant l'exemple avec la création de la Bergerie des Grands Crus, à Pauillac, bien évidemment, où un magnifique bâtiment en bois blond abrite quelque 400 brebis et une soixantaine d'agnelles. À l'ombre des grands crus, la vie pastorale a repris à travers ce vignoble d'exception. Chaque jour, les mères sortent dans les vignes, laissant comme autrefois leurs agneaux cloîtrés dans la bergerie et nourris durant 75 jours exclusivement au lait maternel, jusqu'à ce qu'ils atteignent entre 12 à 15 kg. Une confrérie de l'agneau de Pauillac s'est créée à l'instigation des crus classés ; le label rouge certifie que l'agneau, à la chair couleur ivoire, est bien de Pauillac et si l'on est encore loin des 15 000 agneaux annuels que le marché réclame, tout est redevenu comme avant.

***

« Goûtez moi cela, c'est le meilleur caviar du monde. »

Comme dans la bouche de certains, tout est toujours « le meilleur du monde », j'abordai avec méfiance le petit tas d'œufs noirs bien brillants que l'on venait de déposer dans mon assiette. Je reconnus qu'il était très bon, salé juste ce qu'il fallait, avec le petit goût d'amande et de noisette qui caractérise les œufs d'esturgeon de première qualité. Quand j'appris qu'il portait nos couleurs et provenait de la Gironde, je me sentis un peu mal à l'aise, handicapé par la réaction bien connue du chauvinisme à l'envers qui nous fait penser qu'une vodka ne peut être que russe ou polonaise, une vraie pizza napolitaine ou un plum-pudding anglais.

Nous étions en 1960, chez Prunier-Traktir, avenue Victor-Hugo, à Paris, dont mon hôte, Jean Barnagaud était le propriétaire. Il avait hérité, dans les circonstances que je vous dirai tout à l'heure, d'un trésor marin qui était malheureusement en train de disparaître, dans une indifférence quasi générale. On en traitait encore près de quatre tonnes par an (contre vingt en 1950) mais l'esturgeon boudait de plus en plus nos eaux où l'industrie ivre de sa pleine ascension déversait ses ordures, sans parler de la bêtise des braconniers et des pêcheurs amateurs qui saccageaient les alevins et les jeunes esturgeons. En 1970, les quatre tonnes seront devenues 400 malheureux kilos et bientôt le caviar de la Gironde ne sera plus qu'un souvenir anecdotique dans les guides touristiques.

Intrigué, je profitai, quelque temps après cette dégustation, d'un reportage dans la région pour m'arrêter, à quelques kilomètres de Royan, dans un petit village de pêcheurs de la rive droite de la Gironde, Saint-Seurin-d'Uzet, au pied d'une falaise couronnée d'un joli château médiéval. Pour une poignée d'« anciens » qui avaient connu les beaux jours, Saint-Seurin était encore la « capitale du caviar ». Une capitale réduite aux dimensions d'un hangar, où sous le jet d'une eau de source, on accouchait d'une lame effilée comme un rasoir les poissons femelles pour en arracher leur poche sanguinolente. Quelques autres « postes » de pêche se relayaient jusqu'à Blaye, dans un paysage nostalgique de roseaux et d'ajoncs, où, entre mars et juin, croisait une maigre flotille de « filadiéres », des barcasses équipées de filets dérivants, à grosses mailles, de 100 m de long, immergés en travers du courant dans des creux de 20 ou 30 m, que les esturgeons affectionnent pour y pondre leur « créat ».

En dehors de Prunier, un restaurant du coin, Aux Grottes de Matata, perché dans une fraîche caverne, à pic au-dessus du vaste courant de l'embouchure du fleuve, mettait encore un point d'honneur à servir, en supplément à son menu à 11 francs (spéciales de marennes, turbot grillé, poulet pané en crapaudière, fromage, dessert...) un pot de 50 g de la dernière pêche pour la somme astronomique de 10 francs. Mais l'on sentait bien que l'on assistait à quelque chose que l'on ne reverrait plus jamais.

Le caviar français allait disparaître dans l'indifférence générale, tandis que Pétrossian, Kaspia, la Maison du Caviar ou Fauchon commençaient à enregistrer des ventes records en provenance d'Iran ou de Russie.

Tout avait commencé à la fin du XIXe siècle, avec un vieux pêcheur de Saint-Seurin qui s'était fait une petite réputation locale en vendant une pâte d'œufs salée de sa fabrication.

On suppose qu'il avait fait la campagne de Crimée où il aurait pu se familiariser avec la fabrication du mets préféré de la noblesse russe. Le prix du caviar doubla à la veille de la Première Guerre mondiale, mais dépassant à peine celui du pain.

En ce temps-là, il suffisait de jeter un filet dans la Gironde pour ramener à la surface un de ces étranges animaux en forme de fuseau, recouvert d'écailles osseuses et d'étranges épines.

Des légendes couraient le pays, depuis le XVIe siècle, où l'esturgeon était si abondant qu'on se servait de sa chair pour fumer les terres : on parlait de terribles « monstres ». En fait, on n'était pas loin de la vérité puisqu'en 1925, un pêcheur du nom d'Aimé Gendre capturera une femelle de plus de 5 m de long pesant 490 kg qui permit à la mère Victorine, la patronne du Restaurant du Port, de préparer 70 kg de caviar[1] !

Toutefois dès le début du XIXe siècle, l'*Acipenser sturio* – l'unique espèce de la famille, originaire de la Baltique et non de la Caspienne – se trouvant sur nos côtes et dans nos rivières – avait commencé à se faire plus rare. On ne s'en servait plus comme engrais... Quand les troupes russes s'étaient mises à camper sur les Champs-Élysées, le caviar avait suivi et était devenu un mets de choix dans les restaurants à la mode. Il est donc probable qu'en Gironde s'est développée alors une pêche sauvage qui a beaucoup nui à l'espèce.

Aussi, lorsqu'il s'en pêcha un de 200 livres à Neuilly-sur-Seine, on le transporta à Paris, vivant, pour l'exhiber en public. On en captura également en Dordogne et jusque dans la Moselle.

Il en resta toutefois suffisamment en Gironde pour qu'au début des années 1920, Émile Prunier qui avait succédé rue Duphot à son père Alfred, et avait anticipé la vogue des produits de la mer, en transportant jusqu'à son restaurant, dans des wagons remplis d'eau salée, le poisson vivant, tende l'oreille lorsqu'un de ses clients bordelais lui apprit qu'il y avait du caviar dans la Gironde.

Une merveilleuse occasion et une formidable originalité, au moment où l'émigration russe à Paris retrouvait la sainte odeur du pays dans les petites boîtes

1. Rapporté par Robert Mounier dans un petit ouvrage passionnant et très documenté : *La Véritable Histoire du caviar de la Gironde* (Éd. Bonne Anse), dont la lecture a enrichi mes quelques connaissances de sa parfaite érudition.

emplies de leur gâterie préférée et en répandait la mode dans la société parisienne.

Peu après, Émile Prunier expédia sur place un émigré, capitaine de la Garde du tsar, Alexandre Scott, qui ne connaissait rien au caviar sinon d'en manger mais qui, surtout, avait pour épouse une « princesse » – forcément, une princesse – qui, faute de titres nobiliaires avérés, savait parfaitement, on ne sait trop pourquoi, comment se préparait le caviar. À ses parcs à huîtres et ses viviers en Bretagne, la très prospère maison Prunier ajouta ainsi une exclusivité de caviar français.

Après la mort d'Émile, son fils Jean lui succéda, secondé bientôt par Claude – dernière mémoire de cette dynastie, unique dans la restauration parisienne –, et à partir des années 1960, la clientèle du Duphot comme du Traktir qui raffolait des œufs noirs « tricolores » ne purent qu'assister à la disparition progressive de ce produit exceptionnel, victime du massacre de nos fleuves.

On l'oubliera complètement par la suite mais Jean et Claude n'étaient pas seuls à dire à cette époque : il n'y a pas de meilleur caviar que le girondin !

Quand s'est ouvert, il y a quelques années, à Saint-Seurin, un centre de recherche sur les poissons migrateurs, le Cemagref, il ne restait quasiment plus de sturios dans le bassin de la Gironde. L'idée était d'en mettre au point l'élevage. Sauf qu'en bon gascon (on n'est pas si loin...), l'esturgeon sturio ne voulut rien savoir de la captivité dorée qu'on lui offrait dans des cuves immenses et pourtant munies de tout le confort. Il fallut pour l'amadouer un peu faire venir des camions de crevettes blanches.

Finalement, ils y trouvèrent une sorte de consolation et les messieurs du Cemagref disent que dans une vingtaine d'années, l'espèce, l'une des rares que nous a léguées dans son état originel la préhistoire, pourrait à nouveau peupler en quantité la Gironde et même la Dordogne.

Je ne sais ce que sont devenues les nurseries d'esturgeons que j'avais visité sur les rives de la Caspienne, du temps du shah d'Iran. En tout cas, elles fonctionnaient parfaitement et il n'y a aucune raison pour que, gavé de crevettes blanches, notre sturio ne fasse merveille.

La dernière bonne nouvelle, c'est qu'après la lignée des Prunier, un homme raffiné et gourmand est tombé à son tour amoureux de ce fascinant poisson : Pierre Bergé, qui a fait la renommée mondiale d'Yves Saint-Laurent. La passion de la mer ne l'a pas quitté depuis son enfance à l'île d'Oléron, ni le souvenir de ses repas au Prunier-Traktir dont il est demeuré un client si assidu qu'un jour il lui a paru tellement plus simple de l'acheter. Mieux encore, il a repris la vieille Auberge du Commerce, à Saint-Seurin-d'Uzet, d'où l'on expédiait, il y a cent ans, des petits barils de bois remplis d'œufs payés vingt centimes le kilo et il a décidé d'en faire un musée vivant du caviar. Il n'en est pas resté là. S'associant à une célèbre marque d'origine suisse, il a créé le premier groupe au monde qui produit son caviar et ouvert depuis peu une boutique haut de gamme, place de la Madeleine.

Le caviar de la Gironde, grâce à lui, redevient furieusement à la mode.

Huîtres chaudes aux grains de caviar

Michel Trama, une des gloires culinaires du Sud-Ouest, membre de la chaîne des Relais et Châteaux, a transformé au cœur de l'ancienne bastide fortifiée de Puymirol, à proximité d'Agen, une demeure historique des comtes de Toulouse en une résidence de charme où l'on vient de partout goûter une cuisine inventive et haute en goût qui s'intègre à merveille dans la tradition gasconne. En hommage au caviar de la Gironde, il propose ses huîtres chaudes aux grains de caviar.

4 personnes : 24 grosses huîtres bien grasses, 60 à 80 g de caviar, 1 échalote, 1/2 citron, 1 c. à café de vinaigre de vin blanc, 1 c. à soupe de crème fleurette, 4 c. à soupe de vin blanc sec, 120 g de beurre, sel et poivre.

Sortez les huîtres de leur coquille, versez leur eau dans un bol et filtrez-la. Émincez l'échalote jusqu'à obtenir une cuillère à café de liquide. Ajoutez 3 c. à soupe d'eau froide, la crème fleurette, et, progressivement, le beurre en lamelles.

Retirez du feu, et mélangez au fouet en ajoutant une partie de l'eau des huîtres. Remettez la casserole à feu doux. À frémissement, plongez les huîtres environ 15 secondes et retirez-les avec une écumoire.

Hors du feu, incorporez à la sauce la moitié du caviar et quelques gouttes de jus de citron. Préchauffez les assiettes et répartissez-y la sauce. Posez sur chaque huître le restant de caviar et servez aussitôt.

DOUMENG,
LE « COCO MAGNIFIQUE »

« Les sardines à l'huile, ça me fait presque bander »

« Je t'emmène voir une amie. Tu verras, il y a chez elle des jeunes filles charmantes. »

Ce n'était pas la peine de lui en demander davantage : René Mauriés avait des amitiés pittoresques et, avec lui, on ne se déplaçait jamais pour rien. Grand reporter à *La Dépêche du Midi* dont il deviendra le rédacteur en chef, il appartenait à cette race en voie d'extinction d'écrivains-journalistes qui, dans la foulée des Kessel, Audiberti ou Bodard, épuisaient les routes du monde et leur propre vie, avec une allégresse et une fraîcheur d'adolescent. Revenu de partout, il n'était revenu de rien, toujours à l'affût d'un champ de bataille, d'un coup dur, d'une excentricité ou d'une nouvelle amitié. Ni le prix Albert Londres, ni l'Interallié ne lui avaient tourné la tête.

Donc, nous voilà arrivés, vers les huit heures du soir, dans un faubourg de Toulouse devant une façade, pas trop reluisante, aux rideaux tirés. J'en ai oublié le nom mais peu importe. C'était l'un de ces innombrables « bars montants » dont Toulouse, avec la violette et le cassoulet, s'était fait une spécialité.

Un « bar montant », c'est un rez-de-chaussée avec quelques tabourets devant un bar, une Madame, derrière le comptoir, une poignée de filles et un escalier grimpant aux chambres. Rien que de très banal, sauf que ce qui nous attendait ne l'était pas.

Quand nous sommes arrivés, tout ce petit monde était à table, présidée à un bout par Madame et à l'autre bout par son vieux mari, béret sur la tête, genre ancien combattant amorti allant ranimer la flamme.

Nous apercevant, Madame qui remplissait les assiettes, comme au pensionnat, s'est levée et s'est écriée joyeusement, en lui faisant la bise : « René ! Quel bon vent t'amène ? Tu nous avais abandonnées ! » Présentations (sommaires) : « Un ami. » Et, en retour, à mon adresse : « Enchantée. » Puis, l'invitation : « Vous mangerez bien un morceau avec nous ? C'est le jour de la potée. Allez, les petites, on fait de la place à ces messieurs. »

Les trois petites ne nous avaient pas été présentées mais c'était tout comme. Au moment du dessert, l'une d'elles, sobrement vêtue de cuissardes blanches et d'une sorte de slip en cuir de la même couleur, se mit à se trémousser : « Madame... Madame. » « Oui, Tania, qu'est-ce qui se passe ? » « Vous vous souvenez ? Vous nous aviez promis... C'est ce soir qu'ils passent *Sissi* à la télé. À 9 heures que ça commence. » « Oh oui, oh oui... Il ne faut pas le manquer ! » enchaîna le chœur implorant des gagneuses. « Eh bien, d'accord. Ce soir, c'est tranquille et à moins que ces messieurs désirent consommer... » « Mais non, rassura René, c'était juste une petite visite amicale. *Sissi, impératrice*, ça ne se rate pas. » « Merci, merci ! » chanta le chœur des pensionnaires.

Ce fut une soirée mémorable. Nous deux, en sandwich, entre des paires de bas résille, des mamelles à l'étal, des regards chavirés posés sur Romy Schneider et quelques reniflements quand, vraiment, ça devenait trop triste et que le sort de l'Empire se gâtait.

Je ne dis pas que nous sommes restés jusqu'au bout mais je me permets de vous donner un conseil : la prochaine fois qu'on repassera *Sissi*, trouvez-vous une place dans un « bar montant ».

Lorsque la fois suivante, René Mauriés m'a lancé : « On va à Noé. Jean donne sa fête de l'année », on comprendra que je n'ai pas hésité un seul instant. Je n'avais pas la moindre idée où se trouvait Noé, ni qui était ce Jean et sur quelle arche, cette fois, il allait m'embarquer.

Quand, en route, j'appris que Jean était Jean-Baptiste Doumeng, le fameux « milliardaire rouge » au cigare entre les dents, qui tapait sur le ventre de Brejnev, après celui de Khroutchev, avait tout aussi bien ses entrées à l'Élysée qu'au Kremlin et se faisait un blé énorme dans l'agro-alimentaire franco-soviétique, avec la bénédiction du Parti, je me retrouvai pris entre deux sentiments contradictoires. D'un côté, ma répulsion primaire, viscérale, appelez cela comme vous voudrez, envers un régime qui m'avait volé mon grand-père maternel de Moscou et l'avait fait mourir au goulag de la mer Blanche, de l'autre, une curiosité professionnelle, patinée sous le harnais, qui ne pouvait me faire rater une occasion pareille. La seconde, évidemment, l'emporta.

Je l'ignorais, il me l'apprit : Mauriés était un proche et vieil ami du « milliardaire rouge ». Il en parlait en des termes si affectueux qu'avant même de le rencontrer j'éprouvai comme l'amorce d'une sympathie envers ce personnage singulier, dont pourtant tout me séparait. Il est vrai que ce n'était pas la première fois que j'allais me trouver dans la même situation paradoxale. La plupart des journalistes ont éprouvé au moins une fois les effets du syndrome – variante de celui de Stockholm et tout aussi inquiétant –, qui consiste à ressentir, sinon de l'amitié, du moins de l'empathie pour un interviewé qu'avant de l'avoir rencontré on prenait pour une ordure...

Noé, au sud-ouest de Toulouse, avait pour principal, sinon unique, intérêt d'avoir vu naître, en 1919, Jean-Baptiste Doumeng qui en était devenu le maire et aussi le mécène. Le premier dimanche de juillet, les « Fêtes de la Belle Gaillarde », financées par ses soins, dans l'esprit des kermesses flamandes du temps de Brueghel, étaient l'occasion de chaudes ripailles en musique autour de chaudrons ronflant sur le feu, de batteries de poulets embrochés, de montagnes de charcutailles, de cochons de lait à la peau croustillante, et aussi l'occasion inespérée, pour le bon petit peuple, d'approcher les « Vedettes ». En effet, de Fernand Raynaud à Raymond Devos, de Johnny Hallyday à Enrico Macias, Léo Ferré ou Jean Ferrat, pas une « célébrité » n'aurait refusé l'invitation du « milliardaire rouge » lequel, d'ailleurs, ne semblait pas pressé de convier à ses sauteries les « camarades » du Parti.

Nous arrivâmes un peu tardivement mais à temps, néanmoins, pour assister au couronnement de la « Belle Gaillarde », élue par un jury composé du maire, du coiffeur, du charcutier, de l'épicier, du capitaine des pompiers et des « Vedettes » présentes. On se serait cru, en vérité, à Clochemerle ou dans un dessin de Dubout. Si c'était cela le communisme triomphant, il n'y avait pas à hésiter : on allait s'inscrire. Seulement, contrairement à la Fête de l'Huma, il n'y avait ici aucun sergent recruteur. Doumeng gardait ses idées pour lui. « Je vends du beurre, pas des tracts », avait-il coutume de dire.

Le visage rondouillard sous les lunettes, il avait quelque chose de Raymond Souplex, le commissaire des *Cinq dernières minutes*. Tous deux avaient, en outre, le même petit chapeau ringard, du moins quand Doumeng n'arborait pas la casquette « prolo », lorsqu'il fréquentait le beau monde des palaces et de la haute finance. Notre premier échange fut bref, une poignée de mains et une phrase : « Vous savez, je suis un de vos abonnés. » J'eus le temps toutefois, en le regardant un peu plus attentivement, de remarquer que sous la bouille du Gascon bon enfant affleurait une personnalité d'une force peu commune et un regard d'une acuité exceptionnelle.

Je n'en avais pas fini avec le « milliardaire rouge » dont la presse parlait comme d'un communiste « pour la frime », qui amassait des fortunes en roulant le monde dans la farine. Personne ne semblait penser qu'il pût être sincère.

Je découvris tardivement à quel point il l'était, lors d'un autre séjour à Toulouse, quand Lucien Vanel eut l'excellente idée de réunir à déjeuner dans son restaurant deux autres familiers de la maison – en plus de Doumeng et de moi : mon ami de la « bande des Hussards », Kléber Haedens – ancien maurrassien mais pas bégueule –, qui s'était fait une spécialité originale dans le petit monde de la critique littéraire (il racontait en détail, dans sa chronique, le livre dont il rendait compte, plutôt que de parler avantageusement de lui-même) ; l'autre était Max Guibert, grossium de la promotion immobilière mais surtout, grande figure du monde du rugby où il avait brillé comme capitaine du Stade Toulousain. Retenu par son journal, Mauriés n'en était pas. En revanche, lors d'un précédent repas, toujours chez Vanel, il m'avait longuement éclairé sur la véritable personnalité de son ami Jean (il ne disait jamais Jean-Baptiste mais Jean à l'instar des vrais proches du « milliardaire rouge »). Je retrouverai d'ailleurs plus tard plusieurs de ses propos dans le très bon livre qu'après la mort de Jean il lui a consacré, d'une plume chaleureuse et dont je me suis inspiré pour certains aspects de la vie du « milliardaire rouge[1] ».

Je savais tout donc ou presque de l'appétit gargantuesque de notre invité d'honneur. À Noé où vivait en permanence sa femme, Denise, dans leur charmant petit domaine de six cents hectares, il attaquait la journée avec une cuisse d'oie à la poêle ou de l'estomac de porc grillé, arrosés de trois, quatre coups de rouge,

1. *Jean-Baptiste Doumeng*, par René Mauriès, préfacé par Mikhail Gorbatchev (Milan).

suivis d'un café bien fort et dans la tasse encore tiède, il versait, histoire de se requinquer, une bonne rasade du marc de sa fabrication. Il était homme à avaler des wagons de cochonnailles, de soupes où la cuillère tenait debout, de confits, de foies gras, de gibiers, de ragoûts, de cassoulets, bref tout ce qui maintient en forme l'honnête Gascon encore en vie. Comme Henri IV, il se vaporisait la bouche au parfum de l'ail et comme le paysan qu'il avait été, il gardait toujours dans sa poche, à côté de trois marrons d'Inde supposés veiller sur sa santé, un couteau de Laguiole, à manche de corne, avec lequel il attaquait ses côtes de bœuf et entrecôtes.

L'épatant avec lui, c'est qu'à Paris, où ses affaires le retenaient, quand il n'était pas à Moscou, il ne variait pas d'un iota. Qu'il sortît d'une entrevue avec le président Giscard d'Estaing et Jean-François Poncet ou bien avec François Mitterrand (avec qui il s'entendait bien mais à qui il ne pardonna jamais sa « foutue Union de la gauche » : « Les socialistes vont nous bouffer ! »), d'une visite au Quai d'Orsay ou à l'ambassade d'Union soviétique, d'un rendez-vous d'affaires chez son ami le baron Guy de Rothschild, qui l'invitait au château de Ferriéres, ou chez le très puissant Gérard-Louis Dreyfus, qui parlait à son propos d'« une intelligence comme il n'en avait encore jamais rencontrée », ou bien encore avec ses partenaires d'un moment, le couturier Jacques Esterel ou le pâtissier de « La tarte tropézienne » qu'il avait eu l'idée de lancer sur le marché des surgelés, rien ne pouvait déranger ses habitudes, ses manières, son langage.

Mauriés rapportait, en riant, un de ses esclandres.

La scène se passe au casino de Vichy où il se trouve placé à côté de l'épouse d'Edgar Pisani, le ministre de l'Agriculture de l'époque. « Avec votre notoriété, et votre fortune, Monsieur Doumeng, vous pouvez tout vous permettre, n'est ce pas ? » lui dit sa voisine. « Absolument, Madame. Aussi bien péter chez les Rothschild que de pisser contre le mur que vous voyez là-bas. »

« Oh, tout de même ! Vous n'oseriez pas ! » s'exclame une autre invitée. Ni une, ni deux, Doumeng se lève et va s'exécuter à l'endroit indiqué. L'assistance, on s'en doute, est plutôt gênée. Lui, pas du tout et il s'explique : « Quand j'étais gamin, sans le sou, on me disait que, plus tard, avec de l'argent, je pourrai tout me permettre. Ça m'arrive aujourd'hui de le vérifier, comme ce soir. Mais sachez que quand je joue au con, c'est plus fort que moi et ça ne m'amuse pas. »

Doumeng aimait provoquer mais le personnage, on le voit, était complexe. Il ne s'en vantait pas à tout bout de champ, pourtant cet autodidacte était un homme cultivé qui avait lu énormément depuis sa plus tendre jeunesse : Hugo, Maupassant, Zola, Flaubert, Tolstoï mais aussi Baudelaire, Bossuet et même Spinoza. C'était son jardin secret, à ce rustre à double face.

Lors du déjeuner chez Vanel, il nous raconta un peu de sa vie parisienne. Il s'était toujours refusé d'avoir un appartement dans la capitale – pas même un petit 30 pièces-cuisine. Il préférait les grands hôtels où il prenait une suite à l'année et laissait une garde-robe complète : « C'est plus simple, nous expliqua-t-il. On appuie sur un bouton quand on a besoin de quelque chose et comme ça, il n'y a pas d'histoires. » Il résidait alors au Plaza-Athénée : « Un moment, je me suis tâté. Je l'aurais bien acheté pour la commodité, vous com-

Alain Pebeyre à Cahors : le « roi de la truffe » dans tous ses états.
© Collection Pebeyre

Images d'un passé (presque) révolu : le cochon, bien trop gourmand de truffes, a laissé, le plus souvent, la place au chien, qui prefère le « ronron ».

Le tri et le brossage des truffes : un « ouvrage de dame », quand, à la grande époque, on en récoltait un millier de tonnes contre à peine une trentaine de nos jours. *© Collection Roger-Viollet*

Entre la fermière gasconne et l'oie, il existe un antique « pacte d'amour » qui, pour la seconde, il est vrai, se termine plutôt mal. © *Rue des Archives*

© *C. Millau*

© *Francis Lasfargue*

Un ménage à trois, en route pour le marché. © *Collection particulière*

Michel Guérard
dans son jardin des herbes,
à Eugénie-les-Bains :
au plus près de la nature.
© Guy Charneau / Archives Guérard

Maurice Coscuella,
à l'ombre des arcades
de Plaisance-du-Gers :
au plus prêt des gasconnades
© Jean-Claude Meauxsoone

Nos ancêtres n'avaient nul besoin d'architecte et de code d'urbanisme pour édifier de leurs mains ces humbles mais réels petits chefs-d'œuvre d'art rural. *© D. R.*

Landais et Landaises en habits du dimanche, au début du XXe siécle. L'étonnant est qu'on en rencontre encore comme ceux-là dans les profondeurs de la grande Lande. © *Collections particulières*

prenez. J'avais été tenté aussi, un moment, par le Lapérouse. Un joli petit hôtel, une clientèle de fidèles et, ce qui n'était pas rien, la chambre du général de Gaulle, quand il descendait de Colombey» (il ne disait jamais «de Gaulle» mais, respectueusement «le général de Gaulle», pour qui, d'ailleurs, il ne se cachait pas avoir voté). Le Scribe lui avait également bien plu mais finalement, il avait laissé tomber ses projets: «Ça m'aurait encore compliqué la vie, alors qu'avec une belle suite à l'année, vous n'avez pas à vous en faire.» Je vous laisse imaginer le succès qu'il aurait remporté à une session du Comité central...

Quand il ne déjeunait pas au Stresa (il adorait aussi la cuisine italienne), proche du Plaza, il s'installait à sa table, réservée à vie, dans le restaurant de l'hôtel, la Salle Régence. Avec le directeur, devenu un ami, il concoctait des recettes et quand un jour le maître d'hôtel lui suggéra la «dernière création du chef», trop chichiteuse à son goût, il explosa (ou, à mon avis, fit semblant car il adorait cette maison et son personnel): «Je n'en ai rien à foutre de ta tambouille! Apporte-moi des sardines. Oui, parfaitement, des sardines à l'huile. Avec des oignons frais.»

D'après Mauriés, il aurait même ajouté: «Tu sais, les sardines à l'huile, elles me font presque bander.»

Lucien Vanel était son chef préféré dans tout le Sud-Ouest. À eux deux, ils faisaient un drôle d'attelage: d'un côté, le «coco magnifique» et de l'autre, le saint de vitrail qui s'était donné pour exemple dans la vie son cher Dom Robert, moine génial qui dans son atelier de dessin et de tapisserie, à l'abbaye d'En Calquat, réinventait le paradis terrestre et son bestiaire. (Un autre numéro, ce Dom

Robert qui disait à Vanel : « Mon cher Lucien, seul le luxe est indispensable, tout le reste est superflu. »)

Avec son regard limpide sous l'auréole des cheveux gris, ce petit homme de Vanel aurait volontiers terminé sa vie au couvent, n'était la tendre affection qu'il portait à son épouse. Les journalistes disaient volontiers de lui qu'il était le « Bocuse toulousain ». Il en était, en vérité, tout le contraire : modeste, fin, subtil, artiste au fond de l'âme, proche du Ciel et renouvelant sans cesse sa cuisine aux saveurs souvent inouïes et débordante de trouvailles. Il n'y avait vraiment rien de commun entre le harpiste gascon et la grosse caisse lyonnaise.

Doumeng était son complice en cuisine. Il n'y avait pas un plat sur la carte que le « milliardaire rouge » n'ait goûté et de la croustade aux anchois et poireaux à la queue de bœuf en hochepot, avec museau, oreilles et pied de cochon, de l'omelette du curé au chou farci à la cuisse de lapin, je crois bien qu'il aimait tout. Il lui avait même donné une recette familiale que Vanel avait aussitôt inscrite à son répertoire : un délectable pot-au-feu de langue de veau, accompagné de cervelles d'agneau sautées au citron.

Mais revenons à notre déjeuner.

Vanel avait préparé un de ses chefs-d'œuvre que Doumeng adorait tout particulièrement : un lièvre à la cuillère, qu'il surnommait le « lièvre à la royale du pauvre » parce que sans truffe et sans foie gras. Le « milliardaire rouge » toucha moins à son assiette qu'à son habitude et l'on en fut surpris. Mais je garantis qu'il y toucha. Ce que nous ignorions, c'était qu'il prenait ce jour-là son dernier repas chez Vanel. Quelques mois plus tard un double cancer l'emportait.

Il avait, souvent, fait semblant d'en plaisanter : « J'ai un cancer et même deux. Et heureusement ! Car, il y en a un qui bouffe l'autre. »

Le déjeuner s'écoula en un long et brillant monologue, ponctué de quelques questions de nature à le relancer sur ses sujets favoris. Kléber Haedens voulait en savoir plus long sur l'origine de son engagement politique. Était-ce la pauvreté qui l'avait poussé tout jeune dans les bras du PC ?

Je guettai la réponse avec une curiosité amusée. Mauriés m'avait en effet averti : « Doumeng, non seulement ne fait rien pour dissiper le brouillard d'affabulation qui n'a cessé d'entourer sa vie mais il en a toujours tiré du plaisir. En cela, c'est un vrai Gascon ! » Ainsi circulait-il plusieurs versions de ses activités dans la Résistance et de ses faits d'armes. De temps en temps, la vérité sortait du puits et l'on apprenait par exemple que les jeunes gens qui, sous sa direction, avaient couvert, peu après la défaite de 1940, les murs de Noé de ce sigle mystérieux qui intriguait fort les gendarmes du régime de Vichy : « Le groupe des 8/40 », s'occupaient à organiser des bals clandestins. De même, sa participation à un raid en 1942 sur la prison Saint-Michel à Toulouse relevait-elle de la légende, tout autant que le hold-up du « train de l'or de la Banque de France », en mars 1944, dont il aurait donné une partie au PC et gardé le plus gros pour lui. Certains juraient l'avoir vu en mission chez les Républicains pendant la guerre d'Espagne, alors que plus tard sa sœur le confirma : il n'avait jamais quitté Noé durant cette période. Il est établi, en revanche, que pour échapper au travail obligatoire en Allemagne, il rejoignit le maquis FTP et fut homologué lieutenant FFI, après avoir participé aux combats de la Libération dans la région toulousaine.

Les élucubrations les plus folles s'accumulaient, il laissait dire et sa légende ne faisait que s'en nourrir, sans qu'il se privât, il est vrai, de lui donner de temps en temps un petit coup de main. Avant lui, les grands aventuriers qu'avaient été Monfreid, Cendrars ou Kessel n'avaient pas agi autrement. Une anecdote parmi d'autres : il disait avoir été dans les meilleurs termes avec le futur général Bigeard, lors d'un stage d'officiers à Tarbes, si ce n'est que Bigeard n'y mit jamais les pieds.

En paysan malin, il ne cessa de prendre les devants et de désarmer ses éventuels détracteurs, avec des professions de foi comme celles-ci : « La vie n'est qu'une formidable affabulation. » Ou bien : « En affaires, ce n'est pas grave de ne pas dire la vérité. L'important est de toujours tenir parole. »

Répondant à la question de Kléber Haedens, il ne chercha pas à déguiser la vérité. La légende d'un jeune Doumeng crevant la faim chez ses pauvres paysans de parents n'était qu'une légende. Ceux-ci ne roulaient pas sur l'or mais peu après la naissance de leur fils, en 1919, ils avaient tout de même réussi, en quittant leur état de métayers, à devenir propriétaires d'une dizaine d'hectares aux portes de Noé où les produits de la vigne et de la basse-cour les faisaient vivre tant bien que mal.

Jean n'avait pas eu une enfance vraiment malheureuse. Le curé de Noé, l'abbé Dispans, une sorte de mandarin merveilleux, pétri de savoir, de bonté, et bouffeur comme quatre, avait pris le gamin sous son aile, devinant là une intelligence exceptionnelle. Plus tard, toutes les fois qu'un journaliste, l'interviewant à la radio, insistera sur le fait que Doumeng n'était jamais allé à l'école et n'avait pas même décroché son certificat d'études, il laissera dire. En fait, grâce à ses propres dons et aux petits cours du bon curé, il avait remporté son certificat avec la mention « bien ».

À l'âge où il aurait dû poursuivre ses études, Doumeng était, selon René Mauriés, ce que l'on nomme aujourd'hui un « surdoué. »

« À treize ans, nous rapporte Doumeng, j'ai tout arrêté pour gagner ma vie. J'ai été maçon, berger, "toucheur" de bétail et bien d'autres choses. »

Et le communisme dans tout cela ?

L'explication nous arrive, toute simple et même un peu sommaire mais qui, justement, plaide en faveur de sa sincérité : « Nous, les paysans, nous étions encore des gueux. Il y avait en moi un désir irrésistible de revanche. Il fallait leur montrer aux autres de quoi était capable un petit gars du labour. » En bref, comme disait Mauriés, « la révolte du cul-terreux ».

À mon tour, de me hasarder à lui poser une question « Et aujourd'hui, monsieur Doumeng, cela veut dire quoi, pour vous, en 1986, d'être communiste dans un pays qui a moins que jamais envie de le devenir ? » La réponse fuse aussitôt : « Comme je l'ai dit à Michel Poniatowski, du temps où Giscard était à l'Élysée : "La France est trop riche pour devenir communiste mais, sous un régime capitaliste, il faut des gens comme moi, qui défendent les plus faibles." Comme je l'ai dit également à Bérégovoy : "Vous seriez bien emmerdés, vous autres les socialistes, s'il n'y avait plus de cocos pour incarner le mal ! Comment pourriez-vous représenter le bien ?" »

Le chapitre est clos. C'est le moment de grimper à l'échelle planétaire.

« Que pensez-vous de Gorbatchev ? » « C'est un ami, un grand ami. Le PC n'y croyait pas mais je savais depuis longtemps, alors qu'il était encore inconnu en Occident, qu'il allait changer le destin de l'URSS. Je pense même avoir été le premier à en informer l'Élysée. Gorbatchev a été l'homme de la paix.

Un pacifiste comme moi ne pouvait que l'aimer[1]. »

Puis soudain, le ton change. C'est l'Apocalypse.

Au loin mais si près de la Sibérie, c'est la Chine qui s'éveille et qui gronde... « Vous allez voir, annonce Doumeng sur un ton prophétique, il y a là-bas des centaines de millions de Chinois qui attendent la première occasion pour tomber sur le dos des Soviétiques. Pourra-t-on les arrêter et à quel prix ? L'Union soviétique n'en a plus les moyens. Ce sera aux Occidentaux de s'en débrouiller. »

Notre repas s'achève sur cette dernière phrase sans doute prémonitoire : « Mes bons amis, je vais devoir vous quitter, mais ne l'oubliez pas : le XXIe siècle sera le siècle de la Chine. »

---

1. Dans sa préface au livre de René Mauriès, Mikhail Gorbatchev a écrit : « Communiste de cœur et d'âme, Français jusqu'à la moelle des os, paysan robuste et brûlé de soleil, mais aussi grand politique, pour qui le souci de la paix constituait le gage d'un renouveau éternel pour la nature et l'humanité. »

Lièvre à la royale ou lièvre à la cuillère, avec une pincée de grains de Houellebecque

Félicien Marceau me disait l'autre jour, après avoir lu une recette que j'avais glissée dans mon dernier roman, qu'il n'avait jamais prêté attention jusque-là au pouvoir d'évocation poétique que pouvait dégager une recette de cuisine.

Il m'arrive même de me demander certaines fois si la description d'un ragoût d'andouillette à la mode du Quercy ou, plus ambitieuse encore, la recette de lièvre à la royale, à la sarladaise, ne parviennent pas à approcher – je ne dis pas à surpasser ni même à égaler – la perfection littéraire de nos géants des Lettres comme, par exemple, en ce siècle naissant, un Michel Houellebecq, ce Flaubert des salons de massage, ce Schoppenhauer de la craquette, ce messager de la branlette glauque, ce génie qui lave sans bouillir, et qui, avec la modestie dont on lui sait gré, se fait violence pour reconnaître qu'on doit le compter désormais parmi les plus grands, entre Balzac et Tolstoï et, plus haut encore (si je puis me permettre), quelque part entre Hyacinthe Lafleur et Népomucéne Jonquille.

Lisez plutôt : *« Si la fluidification des comportements requise par une économie développée était incompatible avec un catalogue normatif de conduites restreintes, elle s'accommodait par contre parfaitement d'une exaltation permanente de la volonté et du moi. »* (Michel Houellebecq, *La Possibilité d'une île*, Fayard.)

En contrepoint, ces quelques lignes tirées de la recette du lièvre à la royale (Zette Guinaudeau-Franc, *Les Secrets des fermes en Périgord Noir*, chez Serg/Berger-Levrault) :

« Pour moi, je garde de la Grande Borie, le souvenir d'une braisière en épaisse faïence rougeâtre dont le couvercle était d'un lièvre en relief couché. La bête désossée y était installée sur une couenne, baignant aux trois-quarts dans le bouillon des os déjà cuits des heures. La braisière était abandonnée, couvercle luté au coin du fourneau ou dans les cendres chaudes de la cheminée, une demi-journée. Une heure avant de servir, un verre d'armagnac venait y perdre sa vertu... »

Bon, d'accord, on chercherait en vain chez tante Zette le souffle tsunamiesque qui met à bas les fortifs de la pensée contemporaine mais, convenez-en, c'est plutôt pas mal. Et, en tout cas, on sait avec qui on aurait envie de dîner.

Je résisterai toutefois à l'envie qui me taraude de piquer à Mme Guinaudeau-Franc sa bouleversante recette et de vous la livrer. Je crains, en effet, qu'il n'y ait qu'elle et quelques surdouées du Périgord Noir capables de livrer un pareil combat à un lièvre, allié à une demi-livre de foie d'oie frais et un quintal de truffes.

En revanche, le lièvre à la cuillère de Lucien Vanel me paraît plus raisonnable.

Il ne faut pas plus de deux journées de labeur intensif pour en venir à bout. Autrement dit, l'équivalent d'une petite promenade de santé.

Allons-y :

Pour 6 personnes, il faut un lièvre d'environ 3,500 kg, 400 g de lard gras salé, 40 gousses d'ail, 40 échalotes, 2 carottes, 4 oignons piqués de clous de girofle, de la graisse d'oie ou de canard, 2 bouteilles de madiran, 1/2 litre de vinaigre de vin rouge et 5 cl d'armagnac.

Le boucher écorchera et videra le lièvre, en détachera les cuisses et la poitrine avec les épaules, coupera le râble en deux et vous aura mis de côté le sang, le foie, les poumons et le cœur. Graissez la daubière ou la cocotte en fonte, garnie au fond de bardes. Posez-y les morceaux de lièvre, avec carottes et oignons en rondelles, la moitié des gousses d'ail et de l'échalote, un bouquet garni et mouillez avec tout le vinaigre et une bouteille et demie de madiran. Sel, poivre en grains et on porte à ébullition. Trois heures de cuisson à feu très gentil.

On en profite pour lire un peu de Houellebecq et surtout pour mixer en un hachis compact 100 g de lard, le foie, les poumons, le cœur et le restant des gousses d'ail et des échalotes. On sort les morceaux de lièvre que l'on débarrasse soigneusement de leurs os et l'on passe le jus au chinois avec un petit pilon. On mélange ce jus au hachis sur lequel on verse le reste du madiran.

Le lièvre retourne alors avec son coulis dans la cocotte pour un second passage à feu très, très doux pendant une heure et demie. Vous le laisserez au froid pendant une nuit.

Le deuxième jour, vous retirerez à l'aide d'une cuillère le gras qui sera remonté à la surface et remettrez la cocotte sur le feu pour une troisième cuisson. Vous allez fouetter le sang du lièvre dont nous n'avons plus parlé jusque-là mais qui attend dans un bol. Trop épais ? Quelques giclées d'armagnac vont remettre les choses en ordre et vous allez pouvoir réchauffer à petit feu ce sang liquéfié en ajoutant progressivement quelques louches de compote de lièvre et verser le tout dans la cocotte ou la daubière. Mélangez d'un bon coup de poignet et remettez à feu doux pour un petit quart d'heure.

On ne vous l'a pas dit car on ne dit jamais tout dans une bonne recette mais l'astuce, maintenant que le plat est prêt, est de l'accompagner de poires qu'on aura pochées au vin rouge, avec un soupçon de cannelle (détail de mon cru).

Votre lièvre est devenu une compote exquise, odorante de mille parfums affriolants et il ne vous reste plus qu'à plonger dans votre assiette la fameuse longue cuillère avec laquelle on ne s'adresse pas qu'au diable mais, quand on a la chance d'être en Gascogne, au bon Dieu.

LE RETOUR AU PAYS DE LA BELLE GASCONNE

Tous pour elle et elle pour tous !

Quand une campagne se vide, il y a toujours quelqu'un ou quelqu'une pour faire le trajet inverse et retourner au pays.

La « quelqu'une » était une petite rouquine au nez pointu. Un large sourire tranchait son visage comme un coup de sabre et partout où elle passait, il y avait de la gaieté dans l'air.

Quand Marie-Claude Gracia avait quitté Poudenas, au cœur du pays d'Albret, entre Nérac et Monréal, le village comptait bien six cents habitants. À son retour, ils n'étaient plus que trois cents. Les commerçants avaient fermé boutique, le presbytère était vide, l'usine de bouchons de Mézin, à 5 km, avait fermé et l'unique endroit où les hommes pouvaient espérer trouver du travail était la scierie de Sos, surnommée « SOS ».

Avec son mari, Richard, son chien Marcel, ses chèvres, ses canards, elle a ouvert La Belle Gasconne et la vie a recommencé, pas tout à fait comme avant mais, sans doute encore meilleure, avec dans le cœur de tous, ce merveilleux carburant qu'on nomme « Espoir ».

Le coup de foudre, je l'ai attrapé, à peine descendu de voiture.

Poudenas, Henri IV, la rivière Gélise... On ne saurait imaginer paysage plus exquis, plus tendre, plus neuf dans son vieil âge, comme si les siècles avaient glissé, sans jamais oser y creuser une ride. Quelques maisons basses qui escaladent la colline et des jardins suspendus, jusqu'au pied du château où le Vert-Galant culbutait les belles Gasconnes qui fleuraient bon le lait et la paille fraîche... La petite auberge champêtre de grosses pierres qui regarde la Gélise, ombreuse et romantique où, au coucher de soleil, sous les trembles et les saules, viennent se désaltérer les chevreuils. Le pont roman et ses trois arches. Le moulin du XIIIe siècle, planté sur son île enchantée, ombragée d'arbres plusieurs fois centenaires et que le soir Marie-Claude illumine comme si c'était Versailles.

Autour de la cheminée dont les fumets qui s'en échappent sont des festins en soi, les vieux meubles gascons, les gravures, les bibelots, les bouquets de fleurs des champs, les casseroles de cuivre, le gros Marcel qui dort sous la table, où l'on épluche les foies gras, tout a l'air trop beau ou trop naïf pour être vrai et pourtant, c'est vrai.

Là-bas où il y a les petites arcades, Aurélie, l'arrière-grand-mère de Marie-Claude, avait son auberge. Chaque jour, elle faisait traverser la Gélise en barque à ses canards et à ses poules parce qu'en face l'herbe était plus grasse. Quand on le lui demandait, elle remplissait la carriole de provisions, de linge, de vaisselle et allait à domicile préparer un festin. C'est à elle que Marie-Claude doit ses premiers souvenirs de cuisine, le secret du raisiné et de la confiture de pastèque, du canard en sauce et du pastis, tandis que son grand-père Joseph faisait ronfler le feu de sa forge et tapait sur l'enclume de ses bras costauds.

Entre l'école, les cours de piano ou de violon et la lecture (à douze ans, elle avait lu *Voyage au bout de la nuit*), la petite apprenait vite. Elle avait de qui tenir. Son père était un original qui avait même détonné un peu dans le village. On l'avait élevé comme un bourgeois à Eauze, chez les curés, au milieu des fils de notaires, de pharmaciens et de médecins. Il avait eu son baccalauréat et portait beau dans ses chemises de soie. Pas de doute, c'était un « artiste ». Il en profita pour filer et beaucoup voyager à travers le monde. Après avoir dirigé des comptoirs au Congo belge, il finit par revenir au pays, y tomber amoureux et épouser Élise, une jolie fille de dix-sept ans.

De ces deux filiations – la cuisine et le goût des voyages – la jeune Marie-Claude fabriqua un compromis en partant pour Grenoble à l'École hôtelière. À son tour, elle bourlingua, passant de chez Rostang à Sassenage au Père Bise à Talloires et, pour finir, à Baumanière chez Raymond Thuilier, où elle s'éprit de Richard qui allait devenir son mari.

Dix ans avaient passé : « La nostalgie des brouillades aux asperges de maman, des parties de pêche aux tanches dans la Gélise, des premières couvées de canetons, du bon pain chaud croustillant, tout juste sorti du fournil, des chasselas croqués à pleine bouche dans la vigne, tout m'est remonté d'un coup. C'était trop fort pour que je résiste. D'ailleurs, je n'en avais aucune envie. J'étais arrivée au point où je pouvais me tailler un joli succès à Paris ou même à l'étranger. Je savais ce qui m'attendait à Poudenas : un village mort, une route où il ne passait plus personne, un horizon bouché, des soirées d'hiver sans grand monde à voir, mais tant pis ! Je serai chez moi, dans ma seule vraie patrie. J'aurai le choix d'aller le mardi au marché d'Aire, le samedi matin à celui, merveilleux, de Nérac, la ville de toutes les splendeurs pour laquelle Henri IV aurait volontiers laissé tomber Paris, je ferai un tour chez les maraîchers qui font pousser leurs tomates dans les anciens jardins du roi de Navarre et le dimanche, au marché de Mézin. où tout le monde se retrouve sur la place de l'église. Qui m'aime me suive ! Et bien sûr, Richard et les cinq enfants ont suivi. Les "mères gasconnes" disparaissaient les unes après les autres ? Eh bien, vive la Belle Gasconne ! Tous pour elle et elle pour tous ! »

Tout est allé très vite, même si les économies y sont passées et si les Noëls des enfants ont défilé sans cadeaux, au grand chagrin de leur mère qu'ils appelaient la « rouque ».

Il y a eu, d'abord, l'atelier de conserves artisanales : les foies gras, les confits, les pâtés de Marie-Claude ont trouvé rapidement des amateurs. Ensuite, ils se sont lancés dans l'élevage du canard, en créant même leur propre souche. Avec pour résultat des petits foies d'une saveur assez exceptionnelle : « Le Barbarie croisé avec l'Orpington, croyez-moi, c'est fameux. » « Oui, ajoute Richard, il n'empêche que le même canard élevé par deux personnes, donnera des foies complètement différents. C'est comme le jardinage, il faut avoir la main. » Sauf qu'on y passe ses nuits et qu'on se ruine la santé. Il n'y avait que les soixante-huitards pour croire que l'élevage est une douce vacance.

La main, ils l'avaient tous les deux mais cela ne leur a pas suffi. Il leur restait à ouvrir La Belle Gasconne : un nom savoureux qui leur trottait dans la tête depuis un bon bout de temps.

Quand je me suis pointé à l'auberge pour la première fois, elle ne figurait dans aucun guide mais dans la région, on « savait ».

Le foie gras au torchon, cuit dans un bouillon de volaille et de veau, le foie chaud de canard aux pommes rouges, le pot-au-feu de douze heures en terrine, le brochet de la Gélise aux échalotes, le lapin de garenne au verjus, la sauce noire de la « tue-cochon », le béret de porc grillé (le béret, c'est l'estomac), le civet de canard gras au vin rouge du Lot-et-Garonne, la daube de cèpes, les grosses frites à la graisse d'oie, le pastis gascon de mémé Aurélie et les flans à la verveine « de ma mère » : les inépuisables délices de La Belle Gasconne tourneboulaient les appétits, sur les rives de la Baïse et de la Gélise.

Pour ne pas se laisser dépasser par le succès, Marie-Claude et Richard ont décidé : « Ce sera trente couverts et un seul service. » Et ce ne fut pas une promesse de Gascon. Tandis que Poudenas sortait de ses brumes et devenait un « détour » quasi obligé, le village reprenait vie. Richard en devenait le maire, pour pousser aussitôt à la restauration de l'ancien château des seigneurs de Poudenas, vassaux d'Édouard Plantagenêt, duc d'Aquitaine, les commerces refleurissaient gentiment et bientôt entre les bras de la Gélise qui étreint tendrement leur île verte, grande comme une salle de bal, Marie-Claude et son mari remettaient en état le vieux moulin à eau pour en faire, avec six chambres, dont chacune a une âme, le relais du bonheur retrouvé.

Je ne sais où ils se trouvent aujourd'hui, mais il me suffit de fermer les yeux pour voir le matin, à la fraîche, auprès du pont, Marie-Claude en promenade et l'entendre dire à son chien, son bouc afghan et ses deux chèvres : « Allez, les enfants, nous allons cueillir les orties pour la soupe. »

Ma Gascogne n'en finira jamais de vivre.

POST-SCRIPTUM
ET... D'ARTAGNAN EST ARRIVÉ

Mordieu ! la Gascogne sans d'Artagnan,
c'est la France sans roi.

À l'automne, quand les premiers cèpes dressent la tête et que la forêt landaise s'embrase dans son été indien, je vais à Eugénie-les-Bains chez Michel Guérard prendre brièvement les eaux et plus longuement renouveler ma réserve de confits et de cous d'oie farcis.

Cette année, j'ai emporté avec moi, pour y mettre la dernière main, mon manuscrit que je croyais achevé. Le surlendemain de mon arrivée, un événement des plus étranges est survenu. Ce soir-là, regagnant ma chambre, j'ai trouvé sur mon oreiller un billet dont la calligraphie ornée fleurait la vieille France. J'ai pu y lire ceci :

« Monsieur l'Auteur,

À la Ferme aux Grives où hier soir, en amicale compagnie, vous faisiez votre affaire d'un croustillant porcelet embroché comme en Castille, j'ai surpris votre conversation. J'ai cru comprendre que vous corrigiez le dernier chapitre d'un livre sur la Gascogne et les Gascons dont vous parliez avec une ardeur et un emballement qui parvinrent à me faire dresser l'oreille, laquelle, hélas, se fait de plus en plus rétive avec le temps. Poussé par la curiosité j'ai pris la liberté de pénétrer dans votre chambre et, durant votre sommeil, de parcourir ce que drôlement, vous nommez un "roman".

Vous rendez-vous compte, Monsieur l'Auteur, de la grossière bévue que vous êtes en train de commettre ? Quoi ! Un livre sur les Gascons et pas un mot du plus grand d'entre eux ? Mais, mordieu ! la Gascogne sans d'Artagnan c'est comme la France sans roi, la noce sans mariée, la ripaille sans canard gras.

J'aspire à vous tirer de ce mauvais pas et de plus, vous me rendriez service. Laissez une note sur votre oreiller avec ces mots : "Je suis votre homme". »

Le billet était signé : d'Artagnan.

Qui pouvait donc être l'auteur de cette plaisanterie ? Je pensai aussitôt à Michel Guérard dont je connais l'écriture : il dessine ses mots avec autant d'art qu'il met à dresser ses plats. Mais non, jamais il ne se serait permis de pénétrer dans ma chambre et de fouiller mes papiers. Alors qui ?

Émoustillé, je laissai le lendemain sur mon oreiller le message convenu. Le soir, un nouveau courrier m'attendait à la même place :

« Monsieur l'Auteur,

Je ne vais point vous demander d'aller à Londres chez le duc de Blair quérir les ferrets que lui a laissés en témoignage d'amour la reine Bernadette de France. Je vous prierai plus simplement de transmettre un document de la plus haute importance à votre confrère, M. Dumas. Non seulement, je vous autorise à en utiliser le contenu mais vous en prie instamment. Ainsi donnerez-vous du même coup à votre livre une fin tout à fait inattendue qui ne manquera pas de séduire vos lecteurs et, par la même occasion, me mettra en paix avec moi-même, après tous ces siècles de tourments.

D'Artagnan. »

La partie était bien engagée. Comment ne pas continuer ? Je déposai donc toujours à la même place ces quelques lignes :

« Monsieur d'Artagnan, je suis au regret de vous rappeler que M. Dumas nous a quittés le 5 décembre 1870. Là où vous vous trouvez présentement, vous aurez certainement toutes facilités pour lui dire ce qui vous chante et lui remettre ce qui vous plaît. Vous me pardonnerez de ne pas bénéficier encore de la même position avantageuse. Je vous signale à tout hasard que M. Dumas dort place du Panthéon où on vous l'indiquera sans peine.

Respectueusement à vous. »

J'appris dans la journée que Michel Guérard, appelé par une affaire urgente, avait pris l'avion à la première heure. Il ne pouvait donc avoir eu connaissance de ce message et encore moins de la réponse que je trouvai le soir à sa place habituelle :

> « Corbleu, Monsieur l'Auteur, pour qui me prenez-vous ? Je n'ignore évidemment pas que M. Dumas a été mis au frais dans la chambre froide de la République.
>
> Quand j'eus vent de l'incroyable nouvelle, un matin de novembre 2002, ma décision fut prise à l'instant. Puisque votre président quinquennal se proposait d'honorer en grande pompe au Panthéon le faux d'Artagnan et non point le vrai, on allait voir de quel bois se chauffe le capitaine des mousquetaires Charles Ogier de Batz, comte d'Artagnan, héros de Maastricht qui croupit depuis quatre siècles dans une soupente du château de Castelmore qui le vit naître. Ventrebleu ! Je serai au premier rang de cette pantomime infâme pour y claquer les museaux de M. Dumas et de sa créature. J'eus le tort de ne pas brider mon naturel expansif.
>
> Dans notre monde comme dans le vôtre, les coups de langue, en effet, partent vite, si bien que mon discours point trop caressant, je l'avoue et, en tout cas, fidèle à une nature qui ne se farde pas, fit rapidement le tour des greniers, des caves et des souterrains, où, de tradition, l'on ne goûte pas trop les faiseurs de charivari et la franchise rude des mousquetaires.

La veille de mon départ, le préfet des Ombres, depuis les combles spacieux où il loge en la ville d'Auch, me fit savoir qu'il m'était désormais interdit, pour l'éternité, de quitter le département du Gers, exception faite de la permission de me rendre une fois par an dans celui des Landes à Eugénie où j'ai coutume d'apaiser par des bains bouillonnants une méchante douleur au bas du dos et des crampes dans ma jambe raide, vieux souvenir de mes campagnes au service du roi.

Peut-être l'ignorez-vous – puisque je suis là à vous causer, parlons-en –, le paradis n'a rien à voir avec la réputation qu'on lui fait d'aimable nébuleuse, voguant dans le bleu de l'infini. Dans ce pays où même les crottes de chien sont réglementées, le paradis est la reproduction fidèle de la carte administrative d'ici-bas avec ses départements, ses élus baragouineurs, ses préfectures, ses mairies, ses commissariats, ses universités (où croyez-vous que je me suis mis à la mode du français que l'on cause aujourd'hui ?), ses agents du fisc obsédés, ses fonctionnaires planqués, ses syndicats enragés, et seul nous est épargné, pour les raisons que vous comprendrez aisément, le spectacle affligeant des monuments aux morts. L'unique différence avec l'enfer est que nous avons le droit de nous plaindre. Vous pouvez deviner ma fureur lorsque j'eus connaissance par la presse de l'envolée du président : “Avec vous, nous avons été d'Artagnan, chevauchant les routes de France. Avec vous, nous avons rêvé et nous rêvons encore.”

Puis les jours ont passé, lentement, lugubrement, dans ma tanière poussiéreuse de Castelmore jusqu'au moment où ma vie a basculé.

Vous en aurez à connaître bientôt les circonstances, si vous voulez bien prendre la peine de faire ce que je vous indiquerai dans un prochain courrier. En attendant, je m'en vais prendre un peu d'exercice. Le corps se rouille plus vite qu'une lame de mousquetaire.

À vous lire. D'Artagnan. »

Bien sûr, je m'empressai de répondre à l'invite.

« Monsieur d'Artagnan,

Pour un quatre fois centenaire, vous faites preuve d'une belle jeunesse. Permettez-moi de vous en féliciter.

Respectueusement. »

La réponse ne se fit pas attendre :

« Monsieur l'Auteur,

Votre allusion à la jeunesse m'a touché. Ce pays est devenu une jardinerie de vieillards où même les jeunes gens aspirent à la vieillesse et au confort de la niche. De mon temps, la France battait le tambour et c'étaient de fraîches mains qui tenaient les baguettes.

Je n'avais pas vingt ans, ni même dix-huit, quand je suis monté à Paris pour servir comme cadet au régiment des Gardes françaises, avant d'aller chez les mousquetaires trois ans plus tard. M. Mazarin avait trente-quatre ans quand le cardinal de Richelieu le fit nommer cardinal et quarante quand Louis XIII le fit lui succéder à la tête du Conseil, lui offrant ainsi rien de moins que la France. Louis XIV n'avait que vingt-trois ans et aucune expérience du pouvoir lorsque le lendemain même de la mort de Richelieu, il fit cet éclatant discours au chancelier, aux ministres et aux secrétaires d'État : "Jusqu'à présent, j'ai bien voulu laisser gouverner mes affaires par feu M. le Cardinal. Il est temps que je les gouverne moi-même. Vous m'aiderez de vos conseils quand je vous les demanderai."

Sa mère, la reine Anne d'Autriche, épouse de Louis XIII, avait vingt-quatre ans quand elle prit tous les risques en tournant de l'œil d'émotion devant le duc de Buckingham qui en avait trente-trois ans et était fort bel homme.

Pour les trois diaboliques femelles qui tissèrent les fils de la Fronde contre Mazarin, la première, la duchesse de Chevreuse, aussi jolie qu'elle était dangereuse, avait seize ans lorsqu'elle escalada le lit du duc de Luynes, intime favori de Louis XIII, et vingt-six quand elle poussa son amant, le duc de Chalais, à supprimer Richelieu, ce qui eut tôt fait d'expédier le naïf *ad patres*. La seconde, la duchesse de Longueville, sœur du Grand Condé, avait vingt-cinq ans quand elle poussa son amant, La Rochefoucauld, dans la cabale des Importants, puis chez les Frondeurs. La troisième, dont la cervelle politique n'était pas moindre que sa laideur, la très échauffée Grande Mademoiselle, fille de Monsieur, frère de Louis XIII, avait vingt et un ans quand elle se déchaîna en Jeanne d'Arc de la Fronde.

Gondi, le futur cardinal de Retz, avait trente ans quand il entra, lui aussi dans la danse des complots. Le duc d'Enghien, futur Grand Condé, fêtait ses vingt-deux ans à la victoire de Rocroi où il venait d'étaler superbement les Espagnols et ses vingt-huit ans quand il osa le geste de saisir par le col de son manteau cardinalice son pire ennemi, Mazarin. C'est à vingt-neuf ans que Turenne enleva Turin aux Espagnols et à vingt et un que Vauban devint ingénieur militaire. Fouquet avait trente-cinq ans quand on l'éleva au rang de procureur général du Parlement avant de lui offrir la toute puissante surintendance des Finances et Colbert, trente-deux, lorsque Mazarin lui confia les clés de son immense fortune, amassée à la sueur de ses carambouillages et qui partait à vau-l'eau.

En ce temps-là, on avait la délicatesse, il est vrai, de mourir plus jeune et de faire ainsi de la place à ses enfants.

Je suis vôtre.

D'Artagnan. »

Trois jours passèrent sans trouver sur mon oreiller le moindre billet. J'avais pris goût à ces échanges d'un monde à l'autre et commençai à m'impatienter. Une plaisanterie qui tourne court ne sera jamais une bonne plaisanterie.

Enfin, mon oreiller se trouva à nouveau garni ! Changement de ton. Je n'étais plus « Monsieur l'Auteur » mais :

« Mon cher ami, Je quitte Eugénie dans l'heure. Je vous invite à pousser vendredi jusqu'à Castelmore. Vous y serez en moins d'une heure. À proximité de Lupiac, vous trouverez, planté sur une colline, au-dessus de la Gélise, mon modeste manoir à un étage et deux tours carrées. Rien de flambant et pourtant, c'est vers le berceau de mon enfance que j'ai mis les voiles, au lendemain de la malheureuse affaire de Maastricht.

J'y vis sous les toits, juste au-dessus de la tête du maire de Lupiac, qui en est le propriétaire. À proximité, se trouve le musée d'Artagnan. Il s'y tambouille dans la même marmite l'histoire et la légende de d'Artagnan et, je dois vous dire que pendant longtemps ce fricot m'a donné des crampes.

À la caisse, où je vous engage à vous présenter à onze heures de la matinée, vous demanderez une enveloppe déposée à votre nom. Faites-en l'usage que je vous ai dit. J'y compte absolument.

Dans le plaisir de vous avoir connu, je demeure votre serviteur.

D'Artagnan. »

Le jour dit, j'arrivai devant Castelmore qui n'ouvre pas ses portes au public mais seulement à la Compagnie des Mousquetaires d'Armagnac, qui est chargée d'entretenir la flamme à coups d'intronisation et de commémoration. Le château de d'Artagnan est loin de valoir celui, ravissant, de M. de Tréville, à Lanne-en-Baretous, près d'Oloron. Quelques instants plus tard, je me présentai à l'entrée du musée. Une grosse enveloppe était là à mon nom. La calligraphie à l'ancienne était identique à celle des messages du nommé « d'Artagnan ». Je demandai si la personne qui avait déposé cette lettre était un homme ou une femme et si l'on pouvait me la décrire.

Je m'entendis répondre : « Je ne peux pas vous dire. L'enveloppe était déjà sur le comptoir quand j'ai pris mon service ce matin. »

De retour à Eugénie, je décachetai l'enveloppe et lus, avec l'émotion qu'on devine, son contenu.

Charles de Batz comte d'Artagnan n'avait pas menti ! Il s'agissait d'un document qu'on peut qualifier d'historique. Je le livre à mes lecteurs dans l'état où il m'est parvenu.

Mémoire à l'adresse de M. Alexandre Dumas

Monsieur,

Durant plus de cent cinquante ans, je n'ai songé qu'à vous embrocher. J'avais pour le faire les meilleures raisons du monde. Vous aviez volé ma vie et menti à la terre entière où des millions d'excellentes gens dans les cinq continents continuent, avec le même élan qu'hier, de se suspendre aux plumes de vos *Trois Mousquetaires*.

Le succès inimaginable de votre feuilleton et l'irruption fracassante dans les Lettres de votre quatuor de mousquetaires n'ont fait que précipiter dans les ténèbres de l'oubli, le seul, le vrai d'Artagnan autrement dit votre serviteur :

Charles, fils de Bertrand de Batz et de Françoise de Montesquiou, de la maison seigneuriale d'Artagnan.

Votre fable m'a fait endurer mille morts. De peur des quolibets, je me suis retiré du monde et efforcé de fuir mes semblables. Ce ne fut pas toujours facile. Au détour d'un couloir ou dans l'obscurité d'un grenier, il m'est arrivé souventes fois de tomber sur quelque cercle d'ombres en train de converser. C'était aussitôt une pluie de lazzis et de propos de mauvais goût qui s'abattait sur moi : « Eh, d'Artagnan, les ferrets de la reine, tu es sûr que tu les lui a bien rapportés ? », « Raconte-nous, un peu, avec la Bonnacieux, ça marchait comment ? », « Et Milady, c'est vrai que c'était une sacrée affaire ? » Les plus charitables me prenaient en pitié, ce qui était bien pire : « Mon pauvre d'Artagnan, il t'en fait voir ce M. Dumas. Rayé des cadres, ce n'est pas une vie... »

Même dans l'au-delà, je n'avais pas droit à un passé. J'étais comme un pays effacé de la carte. Ma naissance, ma gloire de mousquetaire, mes faits d'armes au service du roi, rien de tout cela n'avait existé. Pour le coup, j'étais vraiment un fantôme, un malheureux fantôme sans passé ni avenir.

Le hasard d'une flânerie m'a fait tomber en arrêt devant une vitrine de librairie. En bonne place, étaient exposés côte à côte, une nouveauté intitulée *Le Véritable d'Artagnan* et votre trilogie *Les Trois Mousquetaires*, *Vingt ans après* et *Le*

Vicomte de Bragelonne. Enfin, on me rendait justice !

Je tendis le bras à travers la vitre et, ni vu ni connu, emportai vers Castelmore les quatre volumes. Je les lus d'affilée dans mon grenier. La biographie qui m'était consacrée me causa du plaisir. Elle était d'une lecture agréable et rendait compte fidèlement des divers épisodes de ma carrière. Puis je passai à celle de vos œuvres.

J'en avais été si fâché, l'autre siècle, que je m'étais juré de ne plus y fourrer le nez. L'envie de comparer l'emporta sur ma répugnance. La dernière page tournée, un sentiment inouï, renversant, tourneboulant, me saisit tout cru.

Vous veniez de gagner, cher Alexandre !

Dans le miroir de votre imagination, je me vis tout étriqué, petit, morne, à côté de votre d'Artagnan emplumé et bondissant qui brandissait la jeunesse du monde à la pointe de son épée. J'étais un soldat, lui un héros.

Nous étions tombés l'un et l'autre au même instant devant les remparts de Maastricht sous les mousquetades des Hollandais en furie. J'étais mort et le suis encore. Lui était toujours vivant. Du coup, c'en était fini de ma mélancolie, de mon aigreur, de mon désespoir. Je ne souffrais plus. J'étais heureux. Plein de gaieté et d'audace, j'allais à la vie en riant et la vie venait à moi en me tendant la main. Il n'y avait plus de Charles de Batz, il n'y avait plus de seigneur de Castelmore. Il n'y avait plus deux d'Artagnan mais un seul : le vôtre qui devenait le mien.

L'histoire qui traîne derrière elle un fatras compliqué de dates et de faits plus ou moins douteux est comme une boiteuse qui louche. Votre histoire à vous est tellement plus fringante, joyeuse et propre à l'entendement de chacun que même les enfants la comprennent.

Je me sentais donc fort jeune et pus dire à mon bon Planchet : « À cheval, Planchet, à cheval. Il n'y a que les routes pour calmer la vie. »

À présent, mon ami d'Artagnan, c'est à toi que je m'adresse. En me tirant par les pieds de mon sépulcre vermoulu, tu m'as offert tout ce dont j'ai été privé.

L'amour, par exemple. En bon mousquetaire, qui savait se lisser les moustaches devant les dames, je n'avais pas manqué de conquêtes. Le plus souvent, des soubrettes, des filles d'auberges, troussées entre deux missions, croquées entre deux batailles. Aucune n'avait jamais égalé la tendre et exquise Constance Bonnacieux et encore moins la fatale Milady, ce morceau de braise tombé de l'enfer où tout homme rêverait de se brûler les doigts. Ne parlons pas de Madame d'Artagnan, mon épouse, dont le bien était l'attrait principal, la mauvaise humeur la pâture quotidienne et qui, heureusement, sut quitter fort à propos le domicile conjugal. Ma consolation fut de ne lui laisser, à ma mort, que des dettes en partage.

Désormais Constance et Milady seront là pour me fouetter le sang et faire battre mon cœur. Le prix à payer sera lourd mais je le paierai sans regret.

Et l'amitié ! L'amitié ! Mort de tous les diables ! Te rends-tu compte de ce qu'a été ma vie de mousquetaire, privé d'un Porthos, d'un Athos et d'un Aramis ? Lequel de nous ne porte en lui le songe d'une pareille amitié qui s'entrecroise dans un bouquet d'épées ? De tous les cadeaux qu'aujourd'hui tu me fais, celui-là est le plus précieux.

Et puis, qui me rapproche encore de toi, il y a Nicolas Fouquet. Tu en as été le généreux ami, alors que j'en fus le geôlier. Le peu de moi qu'a retenu l'histoire est le vilain rôle que m'a fait jouer le Roi-Soleil dans son arrestation. Quand le surintendant des Finances est devenu mon prisonnier, je n'ai pas tardé à découvrir l'immensité de son intelligence, la hauteur de ses vues, la finesse de ses goûts, la bonté profonde de son être. J'ai fait mon possible pour adoucir ses tourments qui devenaient les miens, mais toute ma vie et bien au-delà, j'ai regretté ma faiblesse de soldat aveuglé de devoir. J'aurais dû avoir le courage de refuser cette mission humiliante. Toi, mon ami, tu aurais brisé ton épée plutôt que de te soumettre. Tu m'offres aujourd'hui le bonheur de retrouver l'estime de moi-même dans l'amitié de ce grand homme.

Mes bons amis, avant de se quitter pour se retrouver au plus vite, je tiens à vous remercier tous deux de m'accueillir dans vos espaces enchantés. J'y respirerai mieux que dans les pages jaunies de l'histoire.

Et, mordious ! j'y ai droit à présent : « Tous pour un, un pour tous ! »

P.S. : Cher d'Artagnan, laisse-moi te dire quand même que tu me fâches carrément quand tu commandes à Planchet : « Que M. Bonacieux nous envoie une demi-douzaine de bouteilles de vin de Beaujency. C'est celui que je préfère. » Alors quoi ? On ne ferait donc pas de bons vins en pays gascon ? Franchement, il y a là matière à duel.

ANNEXE
PETIT PENSE-BOUFFE, SANS TOQUES NI ÉTOILES

(les fourchettes de prix n'engagent pas la responsabilité de l'auteur)

LANDES

Amou, 18 km N. d'Orthez

LE COMMERCE (05 58 89 02 28). La verte Chalosse du foie gras, du confit et du plaisir de vivre, mitonné depuis cinq générations de Darracq (30-40 €).

Bazas, 14 km S. de Langon

DOMAINE DE FOMPEYRE (05 56 25 98 00). Face aux remparts d'avant-hier et dans la verdure de toujours, un hôtel d'aujourd'hui, commode pour découvrir le bœuf de Bazas. Table honorable (30-50 €).

Dax

Moulin de Poustgnacq, à Saint-Paul-lès-Dax, aux portes de Dax (05 58 91 31 03). Se pousse un peu du col mais si gentiment sur sa terrasse au bord de l'eau. Le rôti de foie gras frais aux figues est un peu là (30-60 €).

Eugénie-Les-Bains, 12 km O. d'Aire-sur-Adour

Michel Guérard (05 58 05 06 07). Comme chacun sait, le bon Dieu prend ses vacances en Gascogne. Oui mais où ? Je vais vous le dire : à Eugénie où il a compris qu'il ne ferait jamais mieux que Michel Guérard. Pour faire court : dormir au Couvent des Herbes (ou aux Prés d'Eugénie ou, moins cher, à la Maison rose) et avoir son rond de serviette, en style, aux Prés (130-190 €) et, à la campagne, à la Ferme aux Grives (40-80 €).

Grenade-sur-Adour, 15 km S. de Mont-de-Marsan

Pain, Adour et Fantaisie (05 58 45 18 88). Entre la place à arcades et la rivière et à un grand jet de ballon de N.-D. du Rugby, une maison de bon ton gascon où l'imagination du chef galope gaiement sur le dos du terroir (40-80 €). Chambres luxueuses très fignolées.

Hagetmau, 25 km S. de Mont-de-Marsan

Le Jambon (05 58 79 32 02) se découpe depuis des lustres en bonnes grosses tranches, façon tradition et ça ne déçoit jamais (20-50 €).

Herm, 9 km de Magesq

La Paix (05 58 91 52 17). La forêt plein les narines et le répertoire landais, à la papa, plein la bouche (15-40 €).

Labastide-d'Armagnac, 25 km E. de Mont-de-Marsan

À 4 km : Domaine de Paguy, à Betbezer (05 58 44 81 57). Le XVIIe siècle dans les vignes et les bons traitements de

Paulette, la châtelaine, qui vous cajole à coup de foie gras, de palombe et de tourtière (20-35 €) Chambres.

À 5 km : HÔTEL DE FRANCE, à Saint-Justin (05 58 44 83 61). L'armagnac profond en béret et manches retroussées. Ne pas rater le bœuf de Chalosse (25-45 €).

Magescq, 10 km de Dax

LE RELAIS DE LA POSTE (05 58 47 70 25). Dans un guide chic, on dirait « un must » et moi je dis que sous les pattes des frères Rousseau, les foies gras sont mémorables sans parler du reste. Décor plaisant, ce qui ne gâte rien (50-100 €).

Maillas, 25 km S. de Bazas

DOMAINE DE LA HAUTE-LANDE (05 56 65 90 60). Des hectares à n'en plus finir d'étangs, d'eaux vives et de prairies, autour d'une ferme landaise de grande allure. Pas de raison de ne pas y rester plus longtemps que prévu. Restaurant (30-40 €). Chambre (50-110 €).

Mimizan, 70 km d'Arcachon

AU BON COIN DU LAC (05 58 09 01 55). La maison landaise de carte postale, entre océan et étang. Difficile de ne pas aimer et, d'ailleurs, tout le monde aime bien y manger et dormir (30-70 €). Chambres.

Mont-de-Marsan

À 4 km S. : AUBERGE DE LA POUILLIQUE, à Mazerolles (05 58 75 22 97). Forêt, pelouse et cuisine gasconne qui, heureusement, n'a pas l'accent du Ritz – le chef-patron y fut, dans le temps (20-40 €).

À 7 km N.-O. : DIDIER GARBAGE, à Uchacq-et-Parentis (05 58 75 33 66). Comme à la ferme avec, en prime, le talent d'un élève de Guérard qui slalome entre terroir et créativité.

Le menu « Gloire de mon père » a tout pour plaire aux fils et aux filles (30-80 €).

Mugron, 17 km O. Saint-Sever
La Ferme-Auberge de Marquine (05 58 97 74 23). Qu'elle est verte ma vallée (de l'Adour) et Dieu qu'on y est bien ! (15-30 €)

Peyrehorade, 26 km de Dax
Le Central (05 58 73 01 44). Ne cherchez pas en quoi c'est central. En tout cas, c'est près du Gave, et quand il y a du saumon de l'Adour à la carte, sautez dessus (15-45 €). Chambres.

Pissos, 25 km E. de Parentis-en-Born
Le Café de Pissos (05 58 08 90 16). À l'ombre des platanes et quasiment de la forêt, ce café adoré fait la gloire des Pissotins et des Pissotines. Ne pas rater, à 20 km S., le formidable écomusée de Marqueze.

Pouillon, 16 km S. de Dax
Auberge du Pas de Vent (05 58 98 34 65). Rien de tel pour tomber dans les bras de la tendre Chalosse et se soigner au confit de cochon.

Saubusse, 15 km S.-O. de Dax
Villa Stings (05 58 57 70 18). L'Adour au bout du nez et une cuisine joliment ficelée, entre mode et terroir mais sans le moindre chiqué. Le menu – autour de 30 € – est une aubaine.

Villeneuve-de-Marsan, 15 km E. de Mont-de-Marsan
Hervé Garrapit (05 58 45 20 08). On ne remplace pas un Garrapit mais voici un bon fils qui se fait bravement un prénom. Cette grande gueule de papa mangerait sa cuisine

sans râler et lui dirait même : « C'est bien, fiston » (25-80 €). Chambres.

PAYS BASQUE

Ainhoa, 25 km S.-E. de Saint-Jean-de-Luz

ITHURRIA (05 59 29 92 11). Plus Basque, tu meurs, je meurs ! Mais en attendant, les anchois en escabèche, la pierrade et le cassoulet basque aux haricots rouges de la famille Isabal nous font rester en vie (30-50 €).

Saint-Jean-de-Luz

TXALUPA (05 59 51 85 52), place Louis-XVI. Le lieu d'élection des Luziens de souche ou de cœur qui se retrouvent sur cette place royale autour de beaux plateaux de fruits de mer et de poissons de pêches locales dans cette institution dont Georges Mailherasse est le savoureux souverain (20-50 €).

Arcangues, 8 km S. de Biarritz

MOULIN D'ALOTZ (05 59 43 14 54). Après avoir effeuillé la marguerite sur la tombe de Luis Mariano, on sèche ses larmes dans ce joli moulin où la cuisine chante les bons refrains du pays (30-60 €). Chambres.

À 2 km : LAMINAK, à Arbonne (05 59 41 95 40). Je vous recommande de passer du repos éternel d'Arcangues aux douces nuits de cette charmante vieille ferme. Chambres.

Barcus, 15 km S.-E. de Mauléon

AUBERGE DE BARCUS (05 59 28 90 79). Idéal pour renouveler son stock d'espadrilles de Mauléon et c'est mieux que bien pour s'en fourrer jusque-là chez les Chilo, qui servent leur bonne cuisine plutôt trois fois qu'une (20-65 €). Chambres.

Bayonne

Itsaski, 43, quai Jauréguiberry (05 59 46 13 96). C'est tout juste si l'océan ne dépose pas la pêche du jour dans les assiettes de ce plaisant caboulot d'habitués (18-30 €).

Biarritz

Le bar Jean, 58, rue des Halles (05 59 24 80 38). Plus chic, on trouve; mais les tapas et les plats du jour sur l'ardoise, lestement mitonnés, suffisent à votre bonheur (20-30 €).

Campagne et gourmandise, 52, av. Alan Seager, route d'Arbonne (05 59 41 10 11). «Plus chic», c'est dans cette ravissante ferme où André Gauzere, échappé des cuisines de palace, a une façon bien à lui d'ennoblir les plats de campagne sans trahir leur esprit (40-80 €).

Bidarray, 7 km S.-E. de Cambo-les-Bains

Iparla (05 59 37 77 21). Alain Ducasse appose sa signature sur cette auberge dont le maître mot est la vérité du produit au service d'une cuisine goûteuse et peu chère (22 € le menu unique).

Auberge Ostapé (05 59 37 91 91). Encore Ducasse mais, cette fois, à un cran au-dessus et avec de très jolies chambres. À vous de découvrir la table. Je ne la connais pas encore.

Bidart, 7 km S. de Biarritz

La Voile Rouge, plage de Ouhabia (05 59 47 79 73). Un cabanon à l'air libre où l'on a plaisir à se laisser enfermer (20-40 €).

À 5 km : l'Épicerie, à Ahetze (05 59 41 94 95). La bonne petite auberge de village où l'on se demande pourquoi on n'y est pas venu plus tôt (20-30 €).

Larrau, 40 km S.-O. de Mauléon

Etchemaîte (05 59 28 61 45). Qui aurait donc l'idée d'aller se fourrer au bout du monde, 10 km de l'Espagne ? Et bien, vous, justement qui aimez les vues sublimes sur la montagne, le confort douillet, le terroir sincère et les additions qui ne font pas tousser (20-40 €). Chambres.

Macaye, 12 km S.-E. de Cambo-les-Bains

Ogibarnia (05 59 93 30 35). Vue (sublime) sur le poulet basquaise et la piperade de cette vieille et généreuse auberge où les petits appétits sont interdits de séjour (15-35 €).

Saint-Étienne-de-Baigorry, 11 km O. de Saint-Jean-Pied-de-Port

Hôtel Arce (05 59 37 40 14). Les truites de l'Adour frétillent sous les balcons mais il est plus sûr de croquer l'incomparable jambon, le savoureux jeune mouton des Pyrénées et de siffler l'irouleguy de cette vieille institution qui ne prend pas de rides (25-45 €). Chambres.

Saint-Jean-de-Luz

La Devinière, 5, rue Loquin (05 59 26 05 51). Seulement pour fairc dc beaux rêves dans ce petit hôtel de charme.

À 1 km : Arrantzaleak, 18, av. Jean-Poulou (05 59 47 10 75). Introuvable mais on finit quand même par tomber sur ce petit trésor familial où les poissons qui frétillent encore sont grillés au feu de bois et où l'on s'asperge le gosier de vins délicieux à des prix irréprochables (25-35 €).

Saint-Jean-Pied-de-Port, 44 km S.-E. de Biarritz

Les Pyrénées (05 59 37 01 01). Quand on a une fois dans la tête les images du vieux pont sur la Nive, les maisons de grès rouge, le saumon des Gaves, l'agneau des Pyrénées, et les desserts au chocolat de Firmin Arrambide, on n'a qu'une seule envie : y retourner (45-100 €). Chambres.

Saint-Martin-d'Arberoue, 10 km S.-E. d'Hasparren

Goixoki (05 59 29 64 71). Après une visite de courtoisie à l'homme du paléolithique de la grotte d'Isturits, on se doit de regagner le monde ultra-civilisé de cette auberge bon chic où la cuisine n'oublie même pas d'être bonne (15-60 €).

Sare, 15 km de Saint-Jean-de-Luz

Arraya (05 59 54 20 46). « Ramuntcho » à la main (c'est son village), vous voilà au cœur profond du Pays basque. Le charme alentour se poursuit dans cette maison hors du temps où les artichauts au serrano, les chipirons et la pastiza à la confiture de cerise noire bouclent une tournée mémorable (21-45 €). Chambres.

Socoa, 4 km S.-O. de Saint-Jean-de-Luz

Pantxoa (05 59 47 13 73). Un port de poche à mettre sous globe. N'allez pas chercher chez le voisin les loubines, les merlus, et les thons rouges, toujours meilleurs ici. Un turbot d'anthologie, épais comme la main (quand la pêche a été bonne) (30-70 €).

Urrugne, 6 km O. d'Hendaye

Maïté (05 59 54 30 27). Douce campagne vallonnée, à un petit vol de palombe de l'Espagne, où s'arrêter devant le poulet basquaise et les tartes maison (20-40 €).

GIRONDE

Bordeaux

Maison Bord'eaux, 113, rue Dr-Albert-Barraud (05 56 44 00 45). Près des allées de Tourny, un hôtel particulier transformé en petit hôtel de charme, dans le style d'aujourd'hui.

Jean Ramet, 7, place Jean-Jaurès (05 56 44 12 51). Il y en a d'autres excellents comme le Pavillon des boulevards, le Chapon fin ou les Jardins d'Ausone mais j'ai un faible – qui ne date pas d'hier – pour cette maison sans prétention aucune, son accueil toujours charmant et sa cuisine aux saveurs toujours justes (30-70 €).

La Tupina, 6, rue Porte-de-la-Monnaie (05 56 91 56 37). Plus gascon que Xiridaxis, ses foies gras, ses volailles et sa cheminée : inutile de chercher, vous ne trouverez nulle part ailleurs dans Bordeaux. Un bonheur qui dure et qui dure (16-50 €).

À 10 km S.-E. : la Maison du Fleuve, à Caublannes-et-Meynac (05 56 20 06 40). De la terrasse sur pilotis, couchers de soleil divins sur la Garonne et une belle côte de bœuf pour s'en remettre (15-40 €).

À 12 km S. : les Sources de Caudalie, à Martillac (05 56 72 00 00). Les meilleurs millésimes de Smith-haut-Lafitte (et d'ailleurs), propriétaire de ce haut-lieu assez époustouflant de la « vinothérapie », le seul endroit au monde sans doute, où l'on peut boire l'eau de sa baignoire. Bonne cuisine (50-100 €) et chambres luxueuses.

Fronsac, 3 km O. de Libourne

Le Bord de l'eau (05 57 51 99 91). La Dordogne vous coule sous le nez, le vin dans le gosier et la cuisine offre son meilleur quand elle ne quitte pas les sentiers traditionnels (20-45 €).

Langon, 49 km S.-E. de Bordeaux

Claude Darroze, 95, cours Général Leclerc (05 56 63 00 48). La tradition Darroze perpétuée par le fils du « César des Landes » qui, de la lamproie à la brouillade aux cèpes en passant par tout le reste, continue de faire un sans-faute (40-90 €). Chambres.

Lugon, 13 km N.-O. de Libourne

La Vieille Chapelle (05 57 84 48 65). Au bord de la Dordogne, les plaisirs simples d'une cuisine campagnarde bien ficelée (20-40 €).

Pauillac, 50 km N. de Bordeaux

Château Cordeillan-Bages (05 56 59 24 24). La cuisine du chef Marx est capitale dans le succès de cette magnifique maison, au cœur d'un vignoble où la lutte des classes n'est pas une priorité (50-130 €). Chambres de grand luxe.

Saint-Émilion, 10 km S.-E. de Libourne

Hostellerie de Plaisance (05 57 55 07 55). Après plus de bas que de hauts, cette superbe demeure a trouvé son maître en la personne de Philippe Etchbest, cuisinier inspiré et régulier (30-120 €). Belles chambres.

L'Envers du décor (05 57 74 48 31). À deux pas du célèbre clocher, un bistrot où l'on se sent vraiment bien, à moindres frais (15-30 €).

Sauternes, 10 km S.-O. de Langon

Le Château d'Arches (05 56 76 67 67). Une bienheureuse chartreuse du XVIIe, en plein dans le vignoble, pour y couler des nuits bénies. Pas de restaurant, malheureusement.

BÉARN

Castagnède, 7 km S.-O. de Salies-de-Béarn

La Belle Auberge (05 59 38 15 28). Un coup d'œil amoureux aux maisons à galerie de Salies et un retour aux nourritures terrestres de cette brave auberge qui mérite bien son nom (15-30 €).

Oloron-Sainte-Marie

À 10 km O. : CHEZ CHÂTEAU, à Esquiul (05 59 39 23 03). Un ancien de chez Guérard a atterri dans cette antique auberge, où de la garbure aux desserts et de l'accueil à l'addition, il fait tout bien (15-50 €).

À 9 km O. : THIERRY LASSALA, à Lurbe-Saint-Christau (05 59 34 40 12). À la lisière de la forêt du Haut-Béarn, c'est le plaisir garanti, tellement c'est beau et tellement c'est bon (30-50 €). Chambres.

Pau

À 2 km S.-O. : CHEZ RUFFET, à Jurançon (05 59 06 25 13). Une « institution » relookée par un chef très doué à qui il arrive d'en faire un peu trop (50-100 €).

À 10 km S. : CHEZ LABARTHE, à Bosdarros (05 59 21 50 13). Un ancien de notre chère Belle Gasconne de Poudenas, reconverti avec bonheur dans le basco-béarnais (25-50 €).

GERS

Condom, 26 km N. d'Auch

À 5 km O. : AUBERGE DE LARRESINGLE, à Larresingle (05 62 28 29 67). Le passé anglais de cette bastide ne pèse heureusement pas sur les fourneaux de cette charmante auberge. Ici on mange gersois, point à la ligne (15-30 €). Chambres.

À 8 km N.-O. : CHÂTEAU DE FOURCÉS (05 62 29 49 53). Du XIIe siècle (seulement), plus tout le confort du XXIe, au cœur de l'une des plus pittoresques bastides gasconnes. Bonne table (30-50 €). Chambres.

À 10 km S. : LA FERME DE FLARAN, à Valence-sur-Baïse (05 62 28 58 22). Dans les dépendances d'une ancienne abbaye, une cuisine plutôt agréable (20-40 €) et de bonnes chambres.

Eauze, 30 km S.-O. de Condom

À 4 km N.-O. : LA FERME DE MOUNET (05 62 09 82 85), gracieuse gentilhommière avec une table d'hôtes généreuse, garnie des produits de la ferme (25-35 €). Chambres.

Gimont, 20 km E. d'Auch

CHÂTEAU DE LAROQUE (05 62 67 77 44). Belle demeure Ier Empire dans un vaste parc, avec un décor couci-couça et une cuisine stylée (25-60 €). Chambres.

Lannepax, 9 km N.-O. de Vic-Fezensac

L'HOSTELLERIE DE GASCOGNE (05 62 58 02 00). On ne peut rêver auberge gasconne plus vraie ni cuisine plus costaude. Le foie gras chaud aux haricots tarbais ne se laisse pas oublier (15-45 €).

Lectoure, 35 km N. d'Auch

LE BASTARD, rue Lagrange (05 62 68 82 44). Dans cette superbe petite ville, où il suffit de creuser pour déterrer le passé, la maison du XVIIIe de Jean-Luc Arnaud vous retient tout autant que sa cuisine régionale (15-60 €). Chambres.

Marciac, 28 km O. de Mirande

LES COMTES DE PARDIAC (05 62 08 20 00). La façade n'est pas terrible mais le célèbre festival de jazz qui, lui, est terriblement terrible ne vous réveille pas. Chambres.

Montréal, 15 km N. d'Eauze

CHEZ SIMONE (05 62 29 44 40). Si tout le pays accourt dans cette petite maison familiale, devinez pourquoi (15-45 €).

Projan, 20 km S.-E. d'Aire-sur-l'Adour

Château de Projan (05 62 09 46 21). À la limite de Gers-Landes, on s'en met plein les yeux de ce paysage délicieux où se niche cette gentilhommière raffinée, au décor résolument moderne. Bonne table d'hôtes pour les résidents. Chambres charmantes.

Saint-Martin-d'Armagnac, 10 km S.-O. de Nogaro

Auberge du Bergerayre (05 62 09 08 72). Au cœur du vignoble, une accueillante maison rustique où Pierrette Sarran met à l'honneur les produits du terroir (20-35 €). Chambres.

Segos, 9 km S.-O. d'Aire-sur-l'Adour.

Domaine de Bassibé (05 62 09 46 71). Une exquise vieille ferme restaurée avec beaucoup de goût, où il fait aussi bon séjourner que se mettre à table (40-70 €). Une des meilleures adresses de la région. Chambres.

PÉRIGORD

Brantôme, 27 km N. de Périgueux

Moulin de l'Abbaye (05 53 05 80 22). La juste perfection du paysage « à la française » comme il n'en existe nulle part ailleurs et le charme d'un relais de campagne comme on en rêve. En annexe de la belle (et coûteuse) cuisine maison, les plats-bistrot du Fil du Temps (05 53 05 24 12), pour une trentaine d'euros. Chambres.

Domme, 12 km S. de Sarlat

L'Esplanade (05 53 28 31 41). Au-dessus de la vallée de la Dordogne, un « conservatoire » de la tradition bourgeoise périgourdine (30-100 €). Chambres.

Les Eyzies, 20 km O. de Sarlat

LE CENTENAIRE (05 53 06 68 68). Roland Mazère, n° 1 du Périgord « revisité ». Du grand art, (le plus souvent), dans un décor plein de séduction (60-150 €). Chambres.

Moulin de la Beune (05 53 06 94 33). Pour échapper à la cohue eyzinienne, une jolie demeure ancienne dans la verdure où l'on mange et dort à des prix de raison (22-60 €).

Lalinde, 17 km E. de Bergerac

LE CHÂTEAU (05 53 61 01 82). Au-dessus de la vallée de la Dordogne, une plaisante cuisine régionale sans surprise (30-45 €). Chambres.

Mauzac, 10 km N. de Lalinde

LA MÉTAIRIE (05 53 22 50 47). Proche du cingle de Trémolat, grande attraction de la vallée, une demeure du XVIIe dont la façade est mangée par le lierre, tandis que sur la terrasse, vous vous mangez un fameux cassoulet maison (40-60 €). Chambres.

Mayzens-et-Miremont, 25 km N. des Eyzies

LES FORGES DU ROY (05 53 08 36 17). Une métairie du XVIIe dans un immense domaine, traversé par une rivière. Aussi bon d'y avoir son oreiller que son rond de serviette (réservé aux résidents).

Paulin, 24 km N.-E. de Sarlat

LA MEYNARDIE (05 53 28 85 98). Ici, la cuisine périgourdine n'est pas « revisitée » mais on la visite toujours de bon appétit, telle qu'elle est dans sa simplicité naturelle (12-50 €).

La Roque-Gageac, 11 km E. de Sarlat

LA PLUME D'OIE (05 53 29 57 05). La vue sur la Dordogne, les vieilles poutres, la finesse d'une cuisine qui colle bien au terroir (40-80 €) et l'accueil des Walker, bref tout ce qu'on aime. Chambres.

Saint-Amand-de-Coly, 28 km N.-E. de Sarlat

MANOIR DE HAUTEGENTE (05 53 51 68 03). Dans la même famille depuis le XVIIe, c'est l'adresse « grand charme » du Périgord Noir. Idéal pour un séjour en demi-pension (90-160 €).

Sarlat

LA MAISON DE PEYRAT (05 53 59 00 32). Sur sa colline, elle échappe à la cohue sarladaise et offre du « comme chez soi », avec une cuisine, sans histoire, réservée aux résidents (demi-pension, 52-75 €).

À 9 km O. LO GORISSADO, à Saint-André-d'Allas (05 53 59 34 06). Ancienne grange perchée sur la colline où Marlène fait de ses clients des amis, à grand renfort de foie gras, de cèpes, de canard et de gentillesse (15-30 €).

Sourzac, 30 km S.-O. de Périgueux

LA CHAUFOURG EN PÉRIGORD (05 53 81 01 56). Georges Danbier, ancien photographe de mode, a été l'un des premiers à lancer la formule « maison d'hôtes chic ». Ravissant jardin sur la rivière, décoration exquise et bonne table pour les résidents. Pas bon marché, on s'en doute, mais vaut le « sacrifice ».

Trémolat, 10 km E. de Lalinde

LE VIEUX LOGIS (05 53 22 80 06). Difficile de faire plus séduisant, plus périgourdin que ce logis quatre fois centenaire où la cuisine est excellente (30-80 €) et le décor très réussi dans le style « Maison et Jardin ». À l'annexe, Le Bistrot d'en face, on ne dépasse guère les 25 € pour un repas de qualité.

Les Arques, 25 km de Cabors

La Récréation (05 65 22 88 08). Une solution à la crise de l'école : en faire, comme ici, un restaurant de village où la maîtresse est aux fourneaux et le menu du jour écrit à la craie sur le tableau noir. Et en plus, c'est bon (16-28 €).

Astaffort, 19 km S. d'Agen

Une Auberge en Gascogne (05 53 67 10 27). Tout à fait comme l'indique son nom et il faut ajouter que c'est l'une des plus sympathiques et généreuses de l'Agenais (25-60 €).

Cahors

À 7 km : Marco, à Lamagdeleine (05 65 35 30 64). Belle salle voûtée où depuis trois décades, Marco père et, à présent, fils assurent le succès de la cuisine quercynoise d'origine, agrémentée de quelques écarts savoureux (30-80 €). Chambres.

Francescas, 14 km S.-E. de Nérac

Relais de la Hire (05 53 65 41 59). La belle allure d'une gentilhommière du xviiie, où les légumes et les herbes viennent du potager et la cuisine des mains d'un ancien de chez Robuchon, qui s'est mis à l'heure du pays d'Albret (25-60 €). Chambres.

Goujonnac, 30 km N.-O. de Cahors

La Poule-au-pot (05 65 36 65 48). La cuisine quercynoise comme jadis et le foie gras dans tous ses états (15-40 €).

Lacave, 10 km N.-O. de Rocamadour

Pont de l'Ouysse (05 65 37 87 04). Une ferme agréablement transformée au bord de la rivière. On se passerait des plats sous cloche en métal argenté mais ce qui se trouve dessous est de pure style gascon (40-100 €). Chambres.

Lascabanes, 19 km S. de Cahors

DOMAINE DE SAINT-GERY (05 65 31 82 51). Le calme et le bonheur champêtres pour les hôtes (fortunés) de cette noble demeure rurale, décorée avec grand goût par un couple d'agriculteurs-châtelains, conserveurs, cuisiniers, dotés de tous les talents (70-130 €). Chambres.

Martel, 30 km N.-E. de Gourdon

RELAIS SAINTE-ANNE (05 65 37 40 56). Dans la superbe ville « aux sept tours », mention très bien à cette ancienne institution religieuse, agrémentée d'un grand jardin et devenue hôtel de charme. Pas de restaurant.

Meyronne, 40 km E. de Sarlat

LA TERRASSE (05 65 32 21 60). Ancienne résidence d'été des évêques de Tulle, au bord de la Dordogne. Mobilier ancien et cuisine régionale bien tournée (30-60 €). Chambres.

Puymirol, 17 km E. d'Agen

L'AUBERGADE (05 53 95 31 46). Une demeure Renaissance des comtes de Toulouse dont Michel et Maryse Trama ont fait un refuge de charme et de haute gourmandise. Des traits de génie dans une cuisine tout à la fois très personnelle et amoureuse de son terroir. Guérard à l'ouest, Trama à l'est : que demander de plus, sinon l'addition ? (70-200 €). Chambres bon chic.

Puy-l'Évêque, 30 km N.-O. de Cahors

AGANIE (05 65 36 06 60). Le bistrot de l'hôtel Bellevue pour ses plats savoureux et ses prix sans douleur (13-25 €).

Rocamadour, 45 km N.-O. de Figeac

Domaine de Rhue (05 65 33 71 50). Histoire d'oublier le grand micmac de Rocamadour avec ses rues noires de monde et ses boutiques de souvenirs, pour se retrouver dans le calme et l'élégance des anciennes écuries du château. Pas de restaurant.

Saint-Céré, 15 km N.-O. de Figeac

Les Trois Soleils de Montal (05 65 10 16 16). Très agréable hôtel dans un parc où la cuisine, élégamment rustique, est de premier ordre (30-60 €).

Saint-Cirq-Lapopie, 35 km E. de Cahors

Auberge de Sombral (05 65 31 26 08). Un village d'exception par la beauté de son site perché et de ses maisons Renaissance dont celle-ci vous accueille pour la nuit, après un confortable dîner au Gourmet Quercynois (05 15 31 21 20), pour une trentaine d'euros.

TOULOUSE

Michel Sarran, 21, bd Armand Duportal (05 61 12 32 32). Je ne regrette pas de lui avoir donné ses « trois toques » au Mas du Langoustier, à Porquerolles. De retour sur ses terres natales, il fait ici des étincelles en faisant pactiser délicieusement Provence et Sud-Ouest (50-150 €).

Jardins de l'Opéra, 1, place du Capitole (05 61 23 07 76). La plus luxueuse adresse de la ville avec, aux commandes, un cuisinier virtuose, Dominique Toulousy, dans un répertoire classico-moderne, joliment élaboré (40-150 €).

Michel, Marcel, Pierre et les autres, 35, rue du Rémusat (05 61 22 47 05). Michel, c'est Sarran et les autres, des copains, unis pour le meilleur d'un très sympathique bistrot où la chère n'est pas triste (22 €).

Chez Émile, 13, place Saint-Georges (05 61 21 05 56). Un cassoulet au confit d'oie qui fait grimper à l'étage des générations de fidèles (18-50 €).

TABLE DES MATIÈRES

Impression réalisée sur CAMERON
par BRODARD ET TAUPIN
La Flèche

pour le compte des Éditions du Rocher
en janvier 2006

Dépôt légal : janvier 2006
N° d'impression : 33748

Imprimé en France